누구나 쉽게 따라할 수 있는

헌법·세무·공탁 실무

김 덕 원

진 원 사

목 차

제2편 헌법·세무·공탁 / 255

제 2 편

헌법·세무·공탁

제1장 헌법총설

제1절 헌법재판의 개념

헌법재판이라 함은 헌법재판소 또는 이에 준하는 국가기관이 국가의 최고법규인 헌법상의 분쟁을 처리하기 위하여 법원의 제청에 의한 법률의 위헌여부심판, 정당의 해산심판, 탄핵의 심판, 국가기관 상호간, 국가기관과 지방자치단체간 및 지방자치단체 상호간의 권한쟁의에 관한 심판 및 법률이 정하는 헌법소원의 심판을 행하는 것을 말한다.

일반판결이나 결정은 당사자만을 기속함에 대하여 헌법재판의 경우에는 모든 국가기관과 지방자치단체를 기속하며 헌법재판소의 결정은 법규적 효력이 있는 국민의 기본권이 공권력에 의하여 침해되었을 때 이의 구제를 소원할 수 있는 제도로 헌법상의 분쟁해결이 그 목적이라고 할 수 있다.

제2절 헌법재판소의 일반적 심판절차

1. 당 사 자

가. 청 구 인

헌법소송에 있어서 당사자 중 자기의 이름으로 헌법상의 권리보호를 요구하는 자를 청구인이라 한다.

나. 피청구인

헌법소송에 있어서 당사자 중 자기의 이름으로 권리보호를 요구받은 자를 피청구인이라 한다.

심판의 종류	청 구 인	피 청 구 인
위헌법률심판	헌법재판소에 위헌여부의 심판을 제청한 법원 또는 군사법원	
탄핵심판	공무원에 대하여 탄핵소추를 의결하는 국회	탄핵소추를 당한 공무원

정당해산심판	정당의 해산을 청구한 정부	해산의 요구를 받은 정당
권한쟁의심판	심판청구를 한 국가기관 또는 지방자치단체	심판청구를 교부받은 상대방
헌법소원심판	공권력의 행사 또는 불행사로 인하여 헌법상 보장된 기본권을 침해받아 이의 구제를 청구한 자(헌재법 68조 제1항), 또는 법률의 위헌여부 제청 신청이 기각된 경우 위헌심사를 청구한 자(헌제법 68조 제2항)	심판청구를 요구받은 상대방(단, 위헌심사를 청구한 헌법소원 심판에 있어서는 피청구인은 없다고 보여진다)

다. 변호사 강제주의

각종 헌법재판 심판 절차에 있어서 당사자인 사인은 변호사를 대리인으로 선임하지 아니하면 심판청구를 하거나 심판수행을 할 수 없다(자신이 변호사인 경우 제외).

헌법소원심판을 청구하는 자가 변호사를 대리인으로 선임할 자력이 없는 경우에는 헌법재판소에 국선대리인을 선임하여 줄 것을 신청할 수 있고 헌법재판소가 국선대리인을 선임하지 아니한다는 결정을 할 때에는 지체 없이 그 사실을 신청인에게 통지하여야 하며 헌법재판소는 규칙이 정하는 바에 따라 국선대리인을 선임한 경우 국선대리인에 대한 보수는 국고에서 지급한다.

2. 소송의 개시

헌법재판의 심판청구는 심판사항별로 정하여진 청구서를 헌법재판소에 제출함으로써 한다.

다만, 위헌법률심판에 있어서는 법원의 제청시, 탄핵심판에 있어서는 국회의 소추의결서의 정본으로 갈음하고 청구서에는 필요한 증거서류 또는 참고자료를 첨부할 수 있다(헌재법 제26조).

헌법재판소가 청구서를 접수한 때에는 지체 없이 그 등본을 피청구기관 또는 피청구인에게 송달하며, 위헌법률 심판의 제청이 있은 때에는 법무부장관 및 당해소송사건의 당사자에게 그 제청서의 등본을 송달한다(헌재법 제27조).

재판장은 심판청구가 부적합하나 보정할 수 있다고 인정하는 경우에는 상당한 기간을 정하여 보정을 요구하여야 하며, 청구서 또는 보정서면의 송달을 받은 피청구인은 헌법재판소에 답변서를 제출할 수 있는데 답변서에는 심판청구서의 취지와 이유에 대응하는 답변을 기재한다(헌재법 제29조).

3. 심판절차

헌법재판소의 심판절차에 관하여는 헌법재판소법에 특별한 규정이 있는 경우를 제외하고는 민사소송에 관한 법령의 규정을 준용한다. 이 경우 탄핵심판의 경우에는 형사소송에 관한 법령을, 권한쟁의 및 헌법소원 심판의 경우에는 행정소송법을 함께 준용하는데 이 경우 형사소송법에 관한 법령 또는 행정소송법이 민사소송에 관한 법령과 저촉될 때에는 민사소송에 관한 법령은 준용하지 아니한다(헌재법 40조).

위헌법률의 심판과 헌법소원에 관한 심판은 서면심리에 의하되, 필요하다고 인정되는 경우에는 변론을 열어 당사자, 이해관계인 기타 참고인의 진술을 들을 수 있다.

제3절 위헌법률심판

1. 의 의

위헌법률심판이란 국회가 제정한 법률이 헌법에 위반되는 여부를 헌법재판기관이 심사하고, 그 법률이 헌법에 위반되는 것으로 인정하는 경우에는 그 효력을 상실하게 하거나 그 적용을 거부하도록 하는 제도를 말한다.

현행 헌법상의 위헌법률심판제도는 구체적 사건에 있어서 법률의 위헌여부가 재판의 전제가 되는 경우에 이루어지는 사후적·구체적인 규범통제를 그 내용으로 하는 것으로서 법률에 대한 위헌제청권과 위헌결정권을 분리해서, 전자는 일반 법원이, 후자는 헌법재판소가 이를 담당하고 있다(헌법 제107조 제1항, 제111조 제1항 제1호).

2. 위헌법률심판의 제청

법률이 헌법에 위반되는 여부가 재판의 전제가 된 때에는 당해 사건을 담당하는 법원(군사법원 포함)은 직권 또는 당사자의 신청에 의한 결정으로 헌법재판소에 위헌여부의 심판을 제청한다. 대법원 외의 법원이 위의 규정에 의한 제청을 할 때에는 대법원을 거쳐야 하며 위헌여부심판의 제청에 관한 결정에 대하여는 항고할 수 없다.

현행법상 헌법재판소가 법률의 위헌여부를 심판하는 위헌법률심판의 종류로 헌법 제107조 제1항 및 헌법재판소법 제41조에 의한 법원의 제청에 의하여 헌법재판소가 법률의 위헌여부를 심판하는 경우와 법원으로부터 위헌법률 심판의 제청신청에 대한 기각결정을 받은 자의 헌법소원에 의한 경우, 입법권의 행사와 기본권을 침해 받은 자의 헌법소원에 의한 위헌여부를 심판하는 경우, 인용결정이 당해 법률 또는 법률조항이 위헌임을 선고하는 경우, 공권력의 행사 또는 불행사가 위헌인 법률 또는 법률조항에 기인한 경우가 있다.

3. 법원의 위헌제정결정

위헌제청신청을 받은 당해 법원은 위헌 주장된 법률의 위헌여부가 당해 소송의 재판의 전제가 되고, 또 합리적인 위헌의 의심이 있는 때에는 결정의 형식으로 위헌심판제청을 결정한다. 이밖에 당해 법원은 직권으로도 위헌심판제청을 결정할 수 있다.

법원의 위헌여부심판의 제청에 관한 결정에 대하여 당사자는 항고나 재항고를 할 수 없으며, 다만, 위헌제청신청기각결정에 대하여는 헌법재판소에 헌법소원심판을 청구할 수 있다.

법원이 위헌법률심판을 제청한 때에는 당해 소송사건의 재판은 헌법재판소의 위헌여부의 결정이 있을 때까지 정지된다. 다만, 법원이 긴급하다고 인정하는 경우에는 종국재판 외의 소송절차를 진행할 수 있다.

4. 위헌법률심판의 요건

가. 재판의 전제성

법률에 대한 위헌제청이 적법하기 위하여는 법원에 계속 중인 구체적인 사건에 적용할 법률이 헌법에 위반되는 여부가 재판의 전제로 되어야 한다. 즉, ① 구체적인 사건이 법원에 계속 중이어야 하고, ② 위헌 여부가 문제되는 법률이 당해 소송사건의 재판에 적용되는 것이어야 하며, ③ 그 법률이 헌법에 위반되는지의 여부에 따라 당해 사건을 담당하는 법원이 다른 내용의 재판을 하는 경우이어야 한다.

재판이라 함은 본안에 관한 재판이거나 소송절차에 관한 재판이거나를 묻지 아니하고, 종국재판 중간재판이 모두 포함되며, 판결, 결정, 명령 등 재판의 형식을 따지지 아니한다. 또한, 체포, 구속, 압수, 수색영장, 구속적부심사청구와 보석허가신청에 관한 재판도 모두 포함된다.

나. 일사부재리 원칙

헌법재판소법은 헌법재판소는 이미 심판을 거친 동일한 사건에 대하여는 다시 심판할 수 없다.고 규정(헌재법 39조)하고 있으므로, 동일한 법원이 동일한 법률 또는 법률조항에 대하여 사정변경이 없음에도 불구하고 다시 헌법재판소에 위헌제청을 하는 것은 허용되지 아니하며, 이를 일사부재리의 원칙이라고 한다.

또한, 헌법재판소가 특정 법률을 이미 위헌으로 선언한 경우에는 모든 법원이 헌법재판소의 위헌결정에 기속되기 때문에, 그 법률에 대한 위헌제청은 부적법하다. 다만, 헌법재판소의 합헌결정에는 이와 같은 기속력이 인정되지 않기 때문에 헌법재판소가 특정 법률의 합헌성을 확인한 경우에도 동일한 법률 또는 법률조항에 대하여 위헌제청을 할 수 있다.

다. 위헌제청을 할 수 있는 법규범

헌법재판소에 위헌제청을 할 수 있는 법규범은 국회의 의결을 거쳐 제정된 이른바 형식적 의미의 법률을 의미하며, 특별한 사정이 없는 한 현재 시행중이거나 과거에 시행되었던 것이어야 한다.

또한, 폐지된 법률은 당해 소송사건에 적용될 수 있는 재판의 전제성 요건을 충족하는 경우에만 예외적으로 위헌심사의 대상이 된다. 또한 형식적 의미의 법률과 동일한 효력을 갖는 대통령 긴급명령이나 조약 및 일반적으로 승인된 국제법규 등도 위헌제청의 대상이 된다.

다만, 명령, 규칙, 조례, 관습법 등 형식적인 의미의 법률이 아닌 법규범에 대한 위헌여부는 대법원이 최종적으로 심사하므로, 위헌제청의 대상이 되지 않는다.

제4절 탄핵심판

1. 개 념

탄핵이란 보통의 파면절차에 의하여서는 파면이 곤란하거나 검찰기관에 의하여서는 소추가 사실상 곤란한 고급공무원을 국회에서 소추하여 해임하거나 처벌하려는 제도, 즉 국가의 중요 공무원의 직무상의 위헌·위법행위를 국회가 적발하여 이를 소추하여 처벌하거나 파면하는 제도를 말한다.

2. 단핵소추 절차

대통령·국무총리·국무위원·행정각부의 장·헌법재판소 재판관·법관·중앙선거관리위원회 위원·감사원장·감사위원·기타 법률이 정한 공무원이 직무집행에 있어서 헌법이나 법률을 위배한 때에는 국회가 탄핵의 소추를 의결할 수 있다. 탄핵소추는 국회재적의원 3분의 1 이상의 발의와 국회재적의원 과반수의 찬성으로 의결하며 대통령에 대해서는 국회 재적의원 과반수의 발의와 국회재적의원 3분의 2 이상의 찬성이 있어야 한다(헌법 65조 2항).

탄핵소추의 의결을 받은 자는 탄핵심판이 있을 때까지 그 권한 행사가 정지된다(헌법 65조 3항).

탄핵결정은 공직으로부터 파면함에 그치나 민·형사상의 책임은 면제되지 아니한다.

3. 탄핵심판절차

탄핵심판에 있어서는 국회법제 사법위원회의 위원장이 소추위원이 되고 소추위원은 헌법재판소에 소추의결서의 정본을 제출하여 그 심판을 청구하며 심판의 변론에 있어 피청구인을 심문할 수 있다. 증거 및 증거조사에 관하여는 형사소송법에 관한 법령의 규정을 준용하고 또 심판정에서의 심리·조서의 작성 및 절차의 내용에 관하여는 형사소송법에 관한 법령의 규정을 준용한다.

피청구인에 대한 탄핵심판청구와 동일한 사유로 형사소송이 진행되고 있는 때에는 재판부는 심판절차를 정지할 수 있다.

4. 탄핵결정과 효력

탄핵심판청구가 이유 있는 때에는 헌법재판소는 피청구인을 당해 공직에서 파면하는 결정을 선고하고 피청구인이 결정선고 전에 공직에서 파면된 때에는 헌법재판소는 심판청구를 기각하여야 한다.

탄핵결정은 피청구인의 민·형사의 책임을 면제하지 아니하므로 탄핵심판과 민사재판 사이에는 일사부재리의 원칙이 적용되지 아니한다.

탄핵결정에 의하여 파면된 자는 결정선고가 있은 날로부터 5년을 경과하지 아니하면 공무원이 될 수 없다.

제5절 정당해산심판

1. 개 념

정당의 목적이나 활동이 민주적 기본질서에 위배될 때에는 정부는 헌법재판소에 그 해산을 해소할 수 있고, 정당은 헌법재판소의 심판에 의하여 해산된다.

2. 제소절차

정당의 목적이나 활동이 민주적 기본질서에 위배될 때에는 정부는 국무회의의 심의를 거쳐 헌법재판소에 정당해산심판을 청구할 수 있다. 이 때 청구서에는 해산을 요구하는 정당의 표시, 청구의 이유를 기재하여야 한다.

3. 심판절차

헌법재판소는 정당해산심판의 청구를 받은 때에는 청구인의 신청 또는 직권으로 종국결정의 선고시까지 피청구인의 활동을 정지하는 가처분의 결정을 할 수 있으며 정당해산심판의 청구가 있는 때, 가처분결정을 한 때 및 그 심판이 종료한 때에는 헌법재판소장은 그 사실을 국회와 중앙선거관리위원회에 통지하여야 한다. 정당해산을 명하는 결정서는 피청구인외에 국회·정부 및 선거관리위원회에 송달하여야 한다.

4. 결 정

정당의 해산을 명하는 결정이 선고된 때에는 정당은 해산된다. 정당의 해산을 명하는 헌법재판소의 결정은 중앙선거관리위원회가 정당법의 규정에 의하여 이를 집행한다.

제6절 권한쟁의심판

1. 개 념

국가기관 상호간 국가기관과 지방자치단체간 및 지방자치단체 상호간에 권한의 존부 또는 범위에 관하여 다툼이 있는 때에는 헌법재판소가 그 권한의 존부·범위·내용·한계 등을 명백하게 함으로서 그 분쟁을 해결하는 제도로 이 심판청구는 피청구인의 처분 또는 부작위가 헌법 또는 법률에 의하여 부여받은 청구인의 권한을 침해하였거나 침해할 현저한 위험이 있을 때에 한하여 할 수 있다.

2. 제소절차

피청구인의 처분 또는 부작위가 헌법 또는 법률에 의하여 부여받은 청구인의 권한을 침해하였거나 침해할 현저한 위험이 있는 경우에 청구인은 그 사유가 있음을 안 날로부터 60일 이내에 그 사유가 있은 날로부터 180일 이내에 청구하여야 하고 청구서에는 ① 청구인 및 심판수행자 또는 대리인의 표시, ② 피청구기관의 표시, ③ 심판대상이 되는 피청구기관의 처분 또는 부작위, ④ 청구의 이유, ⑤ 기타 필요한 사항을 기재하여야 한다.

3. 심판절차

헌법재판소가 권한쟁의심판의 청구를 받은 때에는 직권 또는 청구인의 신청에 의하여 종국판결의 선고시까지 심판대상이 된 피청구기관의 처분의 효력을 정지하는 결정을 할 수 있으며 공개주의와 구두변론의 심리를 원칙으로 하고 심판에 관하여는 민사소송법과 행정소송법을 준용한다.

4. 종국결정과 효력

헌법재판소는 심판의 대상이 되는 국가기관 또는 지방자치단체의 권한의 존부 또는 범위에 관하여 판단하고 피청구기관의 처분 또는 부작위가 이미 청구인의 권한을 침해한 때에는 이를 취소하거나 그 무효를 확인할 수 있다.

결정의 효력은 모든 국가기관과 지방자치단체를 기속하고, 국가기관 또는 지방자치단체의 처분을 취소하는 결정은 그 처분의 상대방에 대하여 이미 생긴 효력에 영향을 미치지 아니한다.

제7절 헌법소원심판

1. 개 념

헌법소원심판이라 함은 공권력작용, 공권력의 행사 또는 불행사로 인하여 헌법상 보장된 기본권이 침해된 경우에 헌법재판소에 헌법소원심판을 청구를 하여 침해의 원인이 된 공권력행사를 취소하거나 그 불행사가 위헌임을 확인받는 제도이다.

2. 헌법소원의 종류

가. 권리구제형 헌법소원

이러한 유형의 헌법소원은 공권력의 행사 또는 불행사로 인하여 기본권을 침해받았을 경우 공권력행사의 취소 또는 불행사의 위헌확인을 구하는 소원제도이다.

동 소원은 소원사유가 있음을 안 날로부터 60일 이내에, 사유가 있은 날로부터 180일 이내에 청구하여야 하며 다른 법률에 구제절차가 있는 경우 그 절차를 모두 거친 후 동 절차의 최종결정을 통지받은 날로부터 30일 이내에 청구하여야 한다.

통상 이러한 권리구제형 헌법소원사건은 피청구인이 존재하며 피청구인인 국가기관은 의견서를 제출하는 것이 아니라 답변서를 제출하게 된다.

그러나 이해관계가 있는 국가기관 또는 공공단체와 법무부장관은 당해사건에 대한 법적 견해를 밝히는 의견서를 제출할 권한이 있다.

나. 위헌법률심판형 헌법소원

이러한 유형의 헌법소원은 법원에 계류 중인 소송의 당사자가 법률의 위헌심판제청을 신청하였으나 법원에 의하여 기각 결정되는 경우 다시 헌법재판소에 동 법률에 대한 위헌심판을 구하는 소원제도로서 외국 입법례에서는 찾아보기 어려운 우리나라의 독특한 제도이다.

동 소원에서는 재판의 전제가 된 법률만이 소원의 대상이 되며 명령·규칙은 그 대상이 될 수 없다. 또한 위헌법률심판사건에 대한 제반이론이 이러한 소원제도에 적용될 수 있다. 따라서 재판의 전제성이 없는 이러한 유형의 헌법소원은 청구의 이익이 없어 부적법 각하된다(헌법재판소 1989. 9. 29.선고 89헌마53 결정 참조).

동 소원은 법원의 위헌제청신청이 기각된 날로부터 14일 이내에 청구하여야 한다.

이러한 청구기간은 법문상으로는 기각결정이 선고된 날로부터 기산되는 것처럼 보이나, 특단의 사정이 없는 한 위헌제청신청에 대한 기각결정을 송달받은 날부터 기산된다고 보는 것이 헌법재판소의 판례이다(헌법재판소 1989. 7. 21. 89헌마38 결정 참조).

통상 이러한 유형의 헌법소원에 관하여 위헌법률심판사건과 마찬가지로 피청구인이 없으므로 관련부처는 답변서가 아닌 의견서를 제출한다.

3. 청구절차

헌법재판소법 제68조 제1항의 규정에 의한 헌법소원심판은 그 사유가 있음을 안날로부터 60일 이내에, 그 사유가 잇는 날로부터 180일 이내에 청구하여야 하고 다른 법률에 의한 구제절차를 거친 헌법소원의 심판은 그 최종결정을 통지받은 날로부터 30일 이내에 청구하여야 한다.

동법 제68조 제2항의 규정에 의한 헌법소원심판은 위헌법률심판의 제청신청이 기각된 날로부터 14일 이내에 청구하여야 한다.

① 청구인 및 대리인의 표시, ② 침해된 권리, ③ 침해의 원인이 되는 공권력의 행사 또는 불행사, ④ 청구의 이유, ⑤ 기타 필요한 사항

4. 심판절차

헌법소원 심판사건은 먼저 지정재판부의 사전심사를 받아야 한다(헌재법 72조). 헌법재판부는 다음 사항에 해당하는 경우 결정으로 헌법소원 심판청구를 각하한다.

① 다른 법률에 의한 구제절차가 있는 경우, 그 절차를 모두 거치지 않거나 또는 법원의 재판에 대하여 헌법소원의 심판이 청구된 경우, ② 청구기간이 경과된 후 심판이 청구된 경우, ③ 대리인의 선임 없이 청구된 경우, ④ 기타 헌법소원심판청구가 부적법하다고 그 흠결을 보정할 수 없는 경우 헌법소원심판사건의 심리를 마치면 평의를 거쳐 종국결정을 한다.

5. 인용결정

헌법소원의 인용결정은 모든 국가기관과 지방자치단체를 기속하며 헌법소원을 인용할 때에는 인용결정서의 주문에서 침해된 기본권과 침해의 원인이 된 공권력의 행사 또는 불행사를 특정하여야 한다.

헌법재판소법 제68조 제2항의 헌법소원이 인용된 경우에 당해 헌법소원과 관련된 소송사건이 이미 확정된 때에는 당사자는 재심을 청구할 수 있고 형사사건에 대하여는 형사소송법의 규정을, 그 외의 사건에 대하여는 민사소송법의 규정을 준용한다,

헌법재판소법 제75조 제2항의 경우에 헌법재판소는 기본권 침해의 원인이 된 공권력의 행사를 취소하거나 그 불행사가 위법임을 확인할 수 있고 공권력의 불행사에 대한 헌법소원을 인용하는 결정을 한 때에는 피청구인은 결정취지에 따라 새로운 처분을 하여야 한다.

제2장 헌법서식

[서식 1] 위헌법률심판제청신청서

위헌법률심판제청신청

사　　건　　20OO가합 1234 분담금

원　　고　　교통안전공단 (000000 - 0000000)
OO시 OO구 OO로 12(OO동)
이사장 O O O

피　　고　　OO해운주식회사 (000000 - 0000000)
OO시 OO구 OO로 23(OO동)
대표이사 O O O

위 사건에 관하여 피고는 아래와 같이 위헌법률심판제청을 신청합니다.

신 청 취 지

교통안전공단법 제13조제2항제1호와 제2호, 동법 제17조, 동법 제18조, 동법 제19조와 동법 제21조는 헌법 제11조제1항, 헌법 제15조, 헌법 제23조제1항과 헌법 제59조 등에 위반한다.

신 청 이 유

1. 교통안전기금에 관한 교통안전공단법 관련규정의 개요

2. 재판의 전제성
20OO. O. O. 따라서 위 법률의 위헌성 여부는 현재 20OO가합 1234호로 계류중인 분담금청구소송에서의 재판의 전제가 된다고 판단됩니다.

3. 교통안전분담금제도의 위헌성에 관하여
가. 헌법 제11조상의 평등원칙 위반 여부

나. 원고의 주장

4. 결 어

앞에서 살펴본 바와 같이 20OO. O. O. 위헌이라고 판단되므로, 신청인의 소송대리인은 귀원에 위헌법률심판을 제청해 주실 것을 신청합니다.

첨 부 서 류

1. 각종 입증서류
1. 참고자료 등

20 . . .

위 피고 O O O (인)

OO지방법원 귀중

[주] 위헌법률심판제청신청서에는 제청법원의 표시, 사건 및 당사자의 표시, 위헌이라고 해석되는 법률 또는 법률의 조항, 위헌이라고 해석되는 이유, 기타 필요한 사항이 기재되어야 한다.

[서식 2] 법령에 대한 헌법소원심판청구서

헌 법 소 원 심 판 청 구

청 구 인 홍 길 동 (000000 - 0000000)
OO시 OO구 OO로 12(OO동)
대리인 변호사 OOO
OO시 OO구 OO로 23(OO동)
전화 : 000-0000

청 구 취 지

"OOOO법(2OOO. O. O. 개정법률 OOOO호)제OO조는 헌법에 위반한다."
라는 결정을 구합니다.

침 해 된 권 리

헌법 제11조 평등권, 제15조 직업선택의 자유

침 해 의 원 인

OOOO법(2OOO. O. O. 개정법률 OOOO호) 제OO호

청 구 이 유

1. 사건의 개요
2. 위 규정의 위헌성
3. 심판청구에 이르게 된 경위
4. 청구기간의 준수여부 등

첨 부 서 류

1. 각종 입증서류
1. 소송위임장(소속변호사회 경유)

20 . . .

위 청구인 대리인 변호사 O O O (인)

헌 법 재 판 소 귀중

[주] 심판청구서 3부 제출(추후 재판부 회부시에 12부 추가제출)

[서식 3] 불기소처분에 대한 헌법소원심판청구서

헌 법 소 원 심 판 청 구

청 구 인 홍 길 동 (000000 - 0000000)
OO시 OO구 OO로 12(OO동)
대리인 변호사 OOO
OO시 OO구 OO로 23(OO동)
전화 : OO-OOO-OOOO

피청구인 OO지방검찰청 검사

청 구 취 지

"피청구인이 20OO. O. O. OO지방검찰청 20OO년 형제OOO호 사건에 있어서 피의자 이몽룡의 사기의 점에 대하여 한 불기소처분은 청구인의 평등권을 침해한 것으로 이를 취소한다."
라는 결정을 구합니다.

침 해 된 권 리

헌법 제11조 평등권,
헌법 제27조 제5항 재판절차에서의 진술권

침 해 의 원 인

피청구인의 20OO. O. O.자 OO지방검찰청 20OO년 형제OOO호 사건의 피의자 이몽룡에 대한 무혐의 불기소처분

청 구 이 유

1. 사건의 개요
2. 위 불기소처분의 위헌성
3. 심판청구에 이르게 된 경위(고소, 불기소처분, 항고, 재항고과정 등 약술)
4. 청구기간의 준수여부 등

첨 부 서 류

1. 각종 입증서류(불기소처분결과통지서, 항고사건처분통지서, 재항고사건처분통지서 등)
1. 소송위임장(소속변호사회 경유)

20 . . .

위 청구인 대리인 변호사 O O O (인).

헌 법 재 판 소 귀중

[주] 심판청구서 3부 제출(추후 재판부 회부시에 12부 추가제출)

[서식 4] 행정행위에 대한 헌법소원심판청구서

헌 법 소 원 심 판 청 구

청 구 인 홍 길 동 (000000 - 0000000)
OO시 OO구 OO로 12(OO동)
대리인 변호사 OOO
OO시 OO구 OO로 23(OO동)
전화 : 000-0000

피청구인 사회보호위원회

청 구 취 지

"피청구인이 20OO. O. O. 청구인에 대하여 가출소취소결정은 청구인의 신체를 침해한 것이므로 이를 취소한다."
라는 결정을 구합니다.

침 해 된 권 리

헌법 제12조 신체의 자유

침 해 의 원 인

피청구인의 20OO. O. O.자 청구인에 대한 가출소취소결정

청 구 이 유

1. 사건의 개요
2. 위 결정의 위헌성
3. 심판청구에 이르게 된 경위(신청, 처분, 구제절차 등 약술)
4. 청구기간의 준수여부 등

첨 부 서 류

1. 각종 입증서류
1. 소송위임장(소속변호사회 경유)

20 . . .

위 청구인 대리인 변호사 O O O (인)

헌 법 재 판 소 귀중

[주] 심판청구서 3부 제출(추후 재판부 회부시에 12부 추가제출)

[서식 5] 부작위에 대한 헌법소원심판청구서

헌 법 소 원 심 판 청 구

청 구 인 홍 길 동 (000000 - 0000000)
OO시 OO구 OO로 12(OO동)
대리인 변호사 OOO
OO시 OO구 OO로 23(OO동)
전화 : 000-0000

피청구인 OO시장

청 구 취 지

"피청구인이 청구인으로부터 20OO. O. O.부터 같은 해 O. O.경까지 수차에 걸쳐 OOO소재 임야에 대한 임야조사서의 열람·복사신청이 있었음에도 이를 방치한 부작위는 청구인의 알권리를 침해한 것이므로 위헌임을 확인한다.
라는 결정을 구합니다.

침 해 된 권 리

헌법 제12조 알권리

침 해 의 원 인

피청구인이 청구인으로부터 20OO. O. O.부터 20OO. O. O.경까지 수차에 걸쳐 OOO소재 임야에 대한 임야조사서의 열람·복사신청이 있었음에도 이를 방치한 부작위

청 구 이 유

1. 사건의 개요
2. 위 부작위의 위헌성
3. 심판청구에 이르게 된 경위(신청과정 등 약술)

첨 부 서 류

1. 각종 입증서류

1. 소송위임장(소속변호사회 경유)

20 . . .

위 청구인 대리인 변호사 ○ ○ ○ (인)

헌 법 재 판 소 귀중

[주] 심판청구서 3부 제출(추후 재판부 회부시에 12부 추가제출)

[서식 6] 헌법재판소법 제68조 제2항 헌법소원심판청구서

헌 법 소 원 심 판 청 구

청 구 인 홍 길 동 (000000 – 0000000)
OO시 OO구 OO로 12(OO동)
대리인 변호사 OOO
OO시 OO구 OO로 23(OO동)
전화 : OO–OOO–OOOO

청 구 취 지

“OOO법(2OOO. O. O. 개정법률 OOO호) 제OO조는 헌법에 위배된다.”
라는 결정을 구합니다.

당 해 사 건

OO고등법원 OO구 OOO호 퇴직처분 무효확인
원고 O O O
피고 O O O

위헌이라고 해석되는 법률 또는 법률조항

OOOO법(2000. O. O. 개정법률 OOO호)제OO조

청 구 이 유

1. 사건의 개요
2. 위헌이라고 해석되는 이유
3. 심판청구에 이르게 된 경위
4. 청구기간의 준수여부 등

첨 부 서 류

1. 위헌제청신청서
1. 위헌제청신청기각 결정문 및 동결정서의 송달증명서
1. 각종 입증서류
1. 소송위임장(소속변호사회 경유)

20 . . .

위 청구인 대리인 변호사 O O O (인)

헌 법 재 판 소 귀중

[주] 심판청구서 3부 제출(추후 재판부 회부시에 12부 추가제출)

[서식 7] 국선대리인 선임신청서 (1)

국선대리인선임신청

신 청 인 홍 길 동 (000000 - 0000000)
OO시 OO구 OO로 12(OO동)

전화 : 000-0000

신 청 취 지

신청인은 헌법소원심판을 청구하려 하나 변호사를 대리인으로 선임할 자격이 없으므로 국선대리인을 선임하여 주실 것을 바라와 이에 신청합니다.

첨 부 서 류

1. 무자격을 입증하는 서류
   (영세민증명서, 생활보호대상자증명서, 지방세미과세증명서)
   기타 입증자료 :
2. 헌법소원심판청구사유 :

20 . . .

신청인 ○ ○ ○ (인)

헌 법 재 판 소 귀중

[서식 8] 국선대리인 선임신청서(2)

국선대리인선임신청

사 건 :

신 청 인 홍 길 동 (000000 - 0000000)
OO시 OO구 OO로 12(OO동)
전화 : 000-0000

신청인은 변호사를 대리인으로 선임할 자격이 없으므로 아래와 같이 국선대리인의 선임을 신청합니다.

1. 무자력 내역 (해당란에 √ 표 하십시오)
   - □ 월 평균수입이 150만원 미만인 자
   - □ 국민기초생활보장법에 의한 수급자
   - □ 국가유공자등예우및지원에관한법률에 의한 국가유공자와 그 유족 또는 가족
   - □ 위 각호에는 해당하지 아니하나, 청구인이나 그 가족의 경제능력 등 제반사정에 비추어 보아 변호사를 대리인으로 선임하는 것을 기대하기 어려운 경우

2. 소명자료(해당란에 √ 표하고 소명자료를 첨부하십시오, 해당란이 없는 경우에는 '기타'에 √ 표 하신 뒤 소명자료의 명칭을 기재하고 소명자료를 신청서에 첨부사십시오)
   - □ 봉급액확인서, 근로소득원천징수영수증 등
   - □ 수급자증명서(국민기초생활보장법시행규칙 제40조)
   - □ 국가유공자와 그 유족 또는 가족증명서
   - □ 기타(채무증명서, 지방세세목별과세증명서 등) :

3. 국선대리인 선정 희망지역(해당란에 √ 표를 하십시오)
   □ 서울 □ 부산 □ 대구 □ 인천 □ 광주 □ 대전 □ 울산 □ 전주 □ 의정부
   □ 수원 □ 춘천 □ 청주 □ 창원

4. 헌법소원심판청구사유(헌법재판소법 제71조에 규정된 침해된 권리, 침해의 원인이 되는 공권력의 행사 또는 불행사, 청구이유 및 기타 필요한 사항을 간단 명료하게 별지에 기재하여 신청서에 첨부하십시오. 다만, 이 사건과 관련하여 이미 헌법소원심판청구를 한 경우에는 첨부하지 아니하여도 무방합니다.

20 . . .

위 신청인 ○ ○ ○ (인).

헌 법 재 판 소 귀중

[서식 9] 권한쟁의심판청구서

권한쟁의심판청구서

청 구 인　ㅇ ㅇ 시
대표자 시장 ㅇㅇㅇ
대리인 변호사 ㅇㅇㅇ
ㅇㅇ시 ㅇㅇ구 ㅇㅇ로 12(ㅇㅇ동)
전화 : ㅇㅇㅇ-ㅇㅇㅇㅇ

피청구인　대 한 민 국
위 법률상 대표자 법무부장관 ㅇㅇㅇ

심판대상이 되는 피청구기관의 처분 또는 부작위

피청구기관은 ㅇㅇ공업단지에 관한 관리권한을 가지고 있음에도 불구하고 공업단지 내에 있는 공동시설에 대한 관리의무를 이행하지 않고 있는 부작위

청 구 취 지

"ㅇㅇ공공시설에 대한 관리권한이 피청구인에게 있음을 확인한다."
라는 결정을 구합니다.

청 구 이 유

1. 권한의 존부 또는 범위에 관한 다툼이 발생하여 심판청구에 이르게 된 경위
2. 헌법 또는 법률에 의하여 부여된 청구인의 권한
3. 피청구인의 행위에 의한 청구인의 권한의 침해 또는 현저한 침해위험성

첨 부 서 류

1. 각종 임증서류
1. 소송위임장

20 . . .

위 청구인 대리인 변호사 O O O (인)

헌 법 재 판 소 귀중

[서식 10] 권한쟁의심판청구서

권한쟁의심판청구서

청 구 인 국회의원 O O O
대리인 변호사 OOO
OO시 OO구 OO로 12(OO동)
전화 : 000-0000

피청구인 국회의장 O O O

심판대상이 되는 피청구기관의 처분 또는 부작위

피청구인이 20OO. O. O. 본회의에서 OOO법률안을 가결처리한 행위

침해된 청구인의 권한

헌법 및 국회법에 의하여 부여된 청구인의 법률안 심사의결권

청 구 취 지

피청구인이 20OO. O. O. 본회의에서 OOO법률안을 가결선포한 행위가 헌법 및 국회법에 의하여 부여된 청구인의 법률안 심의·표결의 권한을 침해한 것이라는 확인을 구하며, 또한 피청구인의 동 행위가 위헌이라고 확인해 줄 것을 청구합니다.

청 구 이 유

1. 권한의 존부와 권한의 침해에 관한 다툼이 발생하여 심판청구에 이르게 된 경위
2. 헌법 또는 법률에 의하여 부여된 청구인의 권한
3. 피청구인의 행위에 의한 청구인의 권한의 침해 또는 현저한 침해위험성

4. 청구기간의 준수여부 등

첨 부 서 류

1. 각종 입증서류
1. 소송위임장

20 . . .

위 청구인 대리인 변호사 ○ ○ ○ (인)

헌 법 재 판 소 귀중

제3장 세 무

[서식 1] 수출 및 수입 신고자료

[별지 제20호서식] 〈개정 2003.12.31〉

<table>
<tr><th colspan="4">수출 및 수입 신고자료</th></tr>
<tr><td colspan="2">수출신고자료</td><td colspan="2">수입신고자료</td></tr>
<tr><td>수출신고번호</td><td></td><td>수입신고번호</td><td></td></tr>
<tr><td>관세사</td><td></td><td>세관</td><td></td></tr>
<tr><td>무역업자</td><td></td><td>무역대리점부호</td><td></td></tr>
<tr><td>수출자구분</td><td></td><td>납세자번호</td><td></td></tr>
<tr><td rowspan="2">수출/위탁자</td><td rowspan="2"></td><td>면허일(신고일)</td><td></td></tr>
<tr><td>거래구분</td><td></td></tr>
<tr><td rowspan="2">수출신고일</td><td rowspan="2"></td><td>거래종류</td><td></td></tr>
<tr><td>HS Code(품목분류번호)</td><td></td></tr>
<tr><td rowspan="2">거래구분</td><td rowspan="2"></td><td>결제방법</td><td></td></tr>
<tr><td>과세가격(원화)</td><td></td></tr>
<tr><td rowspan="2">결제방법</td><td rowspan="2"></td><td>결재금액(원화)</td><td></td></tr>
<tr><td>수입가격(CIF$)</td><td></td></tr>
<tr><td>HS Code(품목분류번호)</td><td></td><td>환율</td><td></td></tr>
<tr><td rowspan="2">선(기)적일</td><td rowspan="2"></td><td>중량</td><td></td></tr>
<tr><td>중량단위</td><td></td></tr>
<tr><td>가격(인도)조건</td><td></td><td>수량</td><td></td></tr>
<tr><td>통화코드</td><td></td><td>수량단위</td><td></td></tr>
<tr><td>결제금액(외화금액)</td><td></td><td>원산지국</td><td></td></tr>
<tr><td>신고가격(FOB)</td><td></td><td>관세</td><td></td></tr>
</table>

순중량		특별소비세	
중량단위		주세	
수량		농어촌특별세	
수량단위		교육세	
목적국		부가가치세	
구매자		공급자상호(원산지정보)	

210㎜×297㎜(일반용지 60g/㎡(재활용품))

[서식 2] 국세환급금신청서

[별지 제20호서식] 〈신설 2004.3.11〉

<table>
<tr><td colspan="5" rowspan="2">국세환급금신청서</td><td colspan="2" rowspan="2">□착오납부
□이중납부</td><td>처리기간</td></tr>
<tr><td>즉시</td></tr>
<tr><td rowspan="4">신
청
인</td><td>성명(대표자)</td><td colspan="2"></td><td>주민등록번호</td><td colspan="3"></td></tr>
<tr><td>상호(법인명)</td><td colspan="2"></td><td>사업자등록번호</td><td colspan="3"></td></tr>
<tr><td>주 소</td><td colspan="4"></td><td colspan="2">전화번호</td></tr>
<tr><td>사업장소재지</td><td colspan="4"></td><td colspan="2"></td></tr>
<tr><td>구분</td><td>세목</td><td>납부연월일</td><td>계</td><td>국세</td><td>농특세교육세</td><td>가산금</td></tr>
<tr><td rowspan="7">착오
납부
(이중
납부)
내역</td><td></td><td></td><td></td><td></td><td></td><td></td></tr>
<tr><td></td><td></td><td></td><td></td><td></td><td></td></tr>
<tr><td></td><td></td><td></td><td></td><td></td><td></td></tr>
<tr><td></td><td></td><td></td><td></td><td></td><td></td></tr>
<tr><td></td><td></td><td></td><td></td><td></td><td></td></tr>
<tr><td></td><td></td><td></td><td></td><td></td><td></td></tr>
<tr><td>계</td><td></td><td></td><td></td><td></td><td></td></tr>
<tr><td colspan="7">위와 같이 국세기본법 제51조제1항 및 동법시행령 제33조제3항의 규정에 의하여 착오납부(이중납부)된 국세를 환급하여 주시기 바랍니다.

년 월 일</td></tr>
</table>

신청인 (서명 또는 인)

세무서장 귀하

210㎜×297㎜(신문용지 54g/㎡(재활용품))

[서식 3] 가산세감면 등 신청서

[별지 제17호서식] 〈개정 2007.4.4〉

<table>
<tr><td colspan="6" rowspan="2">가산세감면 등 신청서</td><td>처리기간</td></tr>
<tr><td>3일</td></tr>
<tr><td rowspan="5">신
청
인</td><td rowspan="2">① 성 명</td><td rowspan="2"></td><td colspan="2">② 주민등록번호</td><td colspan="2">③ 사업자등록번호</td></tr>
<tr><td colspan="2"></td><td colspan="2"></td></tr>
<tr><td>④ 주소또는영업소</td><td colspan="2"></td><td colspan="2">⑤ 전화번호</td><td></td></tr>
<tr><td>⑥ 상 호</td><td colspan="5"></td></tr>
<tr><td>⑦ 사 업 의 종 류</td><td colspan="2">업</td><td colspan="2">⑧ 종 목</td><td></td></tr>
<tr><td colspan="2">⑨ 사유발생일</td><td colspan="5">년 월 일</td></tr>
<tr><td colspan="2">⑩ 감면 또는 부과예외를 받으려는 가산세의 종류와 금액</td><td colspan="5">가산세 원</td></tr>
<tr><td colspan="2">⑪ 가산세부과의원인</td><td colspan="5"></td></tr>
<tr><td colspan="2">⑫ 의무를이행할 수 없었던 사유</td><td colspan="5"></td></tr>
<tr><td colspan="2">⑬ 감면 또는 부과예외를 받으려는 가산세에 관계되는 국세의 세목·부과연도·기분 및 세액</td><td colspan="5">세 연도 기분 원</td></tr>
</table>

「국세기본법」 제48조 및 동법 시행령 제28조에 따라 가산세의 감면 또는 부과예외를 신청합니다.

년 월 일

신청인 (서명 또는 인)

세무서장 귀하	
구비서류 : 관계증명자료 ※ 1. 의무를 이행할 수 없었던 사유는 구체적으로 기입합니다. 2. 이 용지는 무료로 배부합니다.	수수료 없음

22226-08111민
92.12.28 승인

210㎜×297㎜
(신문용지 54g/㎡)

[서식 4] 세무조사연기신청서

[별지 제55호서식] 〈개정 2007.4.4〉

<table>
<tr><td colspan="4">세무조사연기신청서</td><td>처리기간
5일</td></tr>
<tr><td rowspan="3">신청인</td><td>① 성 명</td><td></td><td>② 주민등록번호</td><td></td></tr>
<tr><td>③ 상 호</td><td></td><td>④ 사업자등록번호</td><td></td></tr>
<tr><td>⑤ 주소(거소)또는 영업소</td><td colspan="3"></td></tr>
<tr><td colspan="5">신 청 내 용</td></tr>
<tr><td colspan="2">⑥ 당 초 조 사 기 간</td><td colspan="3">년 월 일 ~ 년 월 일</td></tr>
<tr><td colspan="2">⑦ 연기 받고자 하는 사유</td><td colspan="3">「국세기본법 시행령」 제63조의7제1항제 호</td></tr>
<tr><td colspan="2">⑧ 연기를 원하는 기간</td><td colspan="3">년 월 일 ~ 년 월 일</td></tr>
<tr><td colspan="5">「국세기본법 제81조의7제2항 및 동법 시행령 제63조의6제2항에 따라 위와 같이 신청합니다.
년 월 일
신청인 (서명 또는 인)
귀하</td></tr>
<tr><td colspan="4">구비서류 : 사유를 증명하는 자료</td><td>수수료
없음</td></tr>
</table>

22226-58911민
95.3.8승인

210㎜×297㎜
(신문용지 54g/㎡)

[서식 5] 납부기한연장승인신청서

[별지 제1호의2서식] 〈개정 2007.4.4〉

납부기한연장승인신청서	처리기간	수수료
	3일	없음

신청인	① 성 명		② 주민등록번호	③ 사업자등록번호
	④ 주소 또는 사업장	(우 –)	⑤ 전화번호	
	⑥ 상 호		⑦ 업 종	

신청내용

납부할 국세의 내용			⑪ 납기연장을 받고자 하는 금액
⑧ 세 목	⑨ 납부기한	⑩ 금 액	
	. . .		
	. . .		
	. . .		

⑫ 연장받고자 하는 사유	
⑬ 연장받고자 하는 기간	년 월 일부터 년 월 일까지 (일간)

분납금액 및 납부기한

⑭ 횟 수	⑮ 세 목	⑯ 납부기한	⑰ 금 액
1회		. . .	
2회		. . .	
3회		. . .	

국세기본법 제6조 및 동법시행령 제3조의 규정에 의하여 위와 같이 납부기한연장의 승인을 신청합니다.

년 월 일

신청인 (서명 또는 인)

세무서장 귀하
구비서류 : 사유를 증빙하는 자료

22226-79111민 210mm×297mm
99.2.23 승인 (신문용지(특급) 34g/㎡)

[서식 6] 과세표준 및 세액의 결정(경정)청구서

[별지 제16호의2서식] 〈개정 2010.3.31〉 (앞 쪽)

과세표준 및 세액의 결정(경정)청구서						처리기간 2개월
청구인	① 성 명		② 주 민 등 록 번 호		③ 사 업 자 등 록 번 호	
			−			
	④ 주소(거소) 또는 영업소				⑤ 전화번호	
	⑥ 상 호					
신 고 내 용						
⑦ 법 정 신 고 일			⑧ 최 초 신 고 일			
⑨ 경정(결정)청구이유						
구 분	최 초 신 고		경 정(결 정) 청 구			
⑩ 세 목						
⑪ 과 세 표 준 금 액						
⑫ 산 출 세 액						
⑬ 가 산 세 액						
⑭ 공제 및 감면세액						
⑮ 납 부 할 세 액						
⑯ 국세환급금 계좌신고	거래은행	은행 지점	계좌번호			
⑰ 환 급 받 을 세 액						

「국세기본법」 제45조의2 및 같은 법 시행령 제25조의3에 따라 위와 같이 신고합니다.

년 월 일 청구인 (서명 또는 인) **세무서장 귀하**

※ 구비서류: 경정(결정)청구 사유 증명자료	수수료
	없 음

접수증(과세표준 및 세액의 결정(경정)청구서)			
성 명		주 소	
구 비 서 류	결정(경정)청구사유 증명자료 ( )		접 수 자
			접 수 일 인

210㎜×297㎜(일반용지 60g/㎡(재활용품))

(뒷 쪽)

작 성 방 법

1. 청구인란의 인적사항(①~⑥)은 청구일 현재의 현황을 기준으로 작성합니다. 다만, 합병 등으로 인하여 상호 등이 변경된 경우에는 종전의 상호 등을( )안에 함께 기입하여 주시기 바랍니다.

2. ⑫ 산출세액: 각 세법에 따라 계산된 과세표준금액에 해당 세율을 곱하여 산출된 세액을 말합니다.

3. ⑬ 가산세액: 각 세법에 규정된 의무의 성실한 이행을 확보하기 위하여 그 세법에 따라 산출한 세액에 가산하여 징수하는 금액을 말하며, 가산금은 해당되지 않습니다.

4. ⑭ 공제 및 감면세액: 특정한 정책목적을 달성하기 위하여 각 세법에 따라 부여하는 세액공제 및 감면세액을 말합니다.

5. ⑮ 납부할 세액: ⑫ 산출세액에 ⑬ 가산세액을 더하고, ⑭ 공제 및 감면세액을 차감한 세액을 말합니다.

6. ⑯ 국세환급금 계좌신고: 환급받을 세액이 있는 사업자만 적으며, 환급금액이 2천만원 이상인 경우에는 별도로 "계좌개설신고서"를 제출하여야 합니다.

7. 「국세기본법」 제45조의2제4항에 따라 원천징수세액을 경정청구하는 경우 구비서류(경정청구사유 증명자료)의 예는 다음과 같습니다.
   가. 원천징수의무자가 경정청구하는 경우 :
   수정 원천징수이행상황신고서, 수정 지급조서, 당초분·정정분 소득공제신고서(연말정산 대상이 되는 소득만 해당합니다), 그 밖의 관련 증명서류
   나. 거주자인 원천징수대상자가 경정청구하는 경우 :
   당초분·정정분 원천징수영수증, 당초분·정정분 소득공제신고서(연말정산 대상이 되는 소득만 해당합니다), 그 밖의 관련 증명서류
   다. 비거주자 또는 외국법인인 원천징수대상자가 경정청구하는 경우 :
   당초분·정정분 원천징수영수증, 그 밖의 관련 증명서류

[서식 7] 국세심사·심판결정경정신청서

[별지 제31호의2서식] 〈개정 2008.5.1〉

국세심사·심판결정경정신청서				처리기간 14일
① 심사(심판) 청구번호	제 호			
② 청 구 인		③ 피청구인		
④ 신청취지				
⑤ 신청이유				
⑥ 근거법조	국세기본법 제65조의2제1항 및 제81조			

위와 같이 국세심사(조세심판) 결정의 경정을 신청합니다.

년 월 일

신청인 주소

성명 (서명 또는 인)

귀하

※ 첨부서류 : 입증자료	수수료
	없음

210mm×297mm(신문용지 54g/㎡)

[서식 8] 징수유예·체납처분유예신청서

[별지 제14호서식] 〈개정 2010.4.8〉

□ 징 수 유 예 □ 체납처분유예 신청서	처리기간
	3일

납세자					
납세자	성 명		주민등록번호	사업자등록번호	
	주소또는거소			전 화 번 호	
	사업장소재지				
	상호또는명칭				
	사업의종류	업		종목	

납부할 국세·체납액의 내용					징수(체납처분)유예를 받으려는 금액		
세목	연도·기분	납부기한 (독촉기한)	국세	가산금	계	국세	가산금

징수(체납처분)유예를 받으려는 이유	
징수(체납처분)유예를 받으려는 기간	년 월 일 부터 년 월 일 까지

분납금액및납부기한						
횟수	납부기한	분납금액	세목	연도·기분	국세	가산금
1회						

<table>
<tr><td>2회</td><td></td><td></td><td></td><td></td><td></td><td></td></tr>
<tr><td>3회</td><td></td><td></td><td></td><td></td><td></td><td></td></tr>
<tr><td colspan="7">「국세징수법 시행령」제23조 및 제82조의2에 따라 징수유예(체납처분유예)를 받기 위하여 위와 같이 신청합니다.
년 월 일
신청인 (서명 또는 인)
세무서장 귀하</td></tr>
</table>

<table>
<tr><td rowspan="2">구비
서류</td><td rowspan="2">1. 징수유예(체납처분유예)를 받으려는 이유를 증명하는 자료
2. 담보제공서(「국세기본법 시행규칙」 별지 제10호서식)</td><td>수수료</td></tr>
<tr><td>없음</td></tr>
<tr><td colspan="3">※ 이 용지는 무료로 배부합니다.</td></tr>
</table>

210㎜×297㎜(신문용지 54g/㎡(재활용품))

[서식 9] 납세증명서

[별지 제1호서식] 〈개정 2004.3.11〉

<table>
<tr><td>발급번호</td><td rowspan="2" colspan="3">납 세 증 명 서</td><td colspan="2">처리기간</td></tr>
<tr><td></td><td colspan="2">즉시(단, 해외이주용 10일)</td></tr>
<tr><td rowspan="3">납
세
자</td><td>상호(법인명)</td><td></td><td>사업자등록번호</td><td colspan="2"></td></tr>
<tr><td>성명(대표자)</td><td></td><td>주민등록번호</td><td colspan="2"></td></tr>
<tr><td>주소(본 점)</td><td colspan="4"></td></tr>
<tr><td colspan="2">증 명 서 의
사 용 목 적</td><td>□ 대금수령
□ 기 타</td><td colspan="3">□ 해외이주
O이 주 번 호 제 호
O이주확인일 년 월 일</td></tr>
</table>

징수유예 또는 체납처분유예의 내역

(단위 : 원)

유예종류	유예기간	과세연도	세목	납부기한	세액	가산금

<table>
<tr><td colspan="3">국세징수법 제6조 및 동법시행령 제6조의 규정에 의하여 발급일 현재 위의 징수유예액 또는 체납처분유예액을 제외하고는 다른 체납액이 없음을 증명합니다.

1. 증명서 유효기간 : 년 월 일
2. 유효기간을 정한 사유 : □ 국세징수법시행령 제7조제1항
□ 기타( )</td></tr>
<tr><td>담당부서</td><td></td><td rowspan="3">년 월 일
세무서장 ㊞</td></tr>
<tr><td>담당자</td><td></td></tr>
<tr><td>연락처</td><td></td></tr>
</table>

210㎜×297㎜(신문용지 54g/㎡(재활용품))

[서식 10] 등기청구서

[별지 제59호서식] <개정 1992.12.31>

<table>
<tr><td colspan="6" rowspan="2">등 기 청 구 서</td><td>처리기간</td></tr>
<tr><td>1일</td></tr>
<tr><td rowspan="2">등 기
청구인</td><td>① 성 명</td><td colspan="2"></td><td>②주민등록번호</td><td colspan="2"></td></tr>
<tr><td>③주소또는거소</td><td colspan="5">(통 반)</td></tr>
<tr><td rowspan="2">체납자</td><td>④ 성 명</td><td></td><td>⑤주민등록
번 호</td><td></td><td>⑥사업자
등록번호</td><td></td></tr>
<tr><td>⑦주소또는거소</td><td colspan="5">(통 반)</td></tr>
<tr><td colspan="2">⑧ 재 산 의 표 시</td><td colspan="5"></td></tr>
<tr><td colspan="2">⑨ 매각결정연월일</td><td colspan="5">년 월 일</td></tr>
<tr><td colspan="2">⑩ 대금납부연월일</td><td colspan="5">년 월 일</td></tr>
<tr><td colspan="2">⑪ 납 부 금 액</td><td colspan="5">금 원정</td></tr>
<tr><td colspan="2">⑫ 등 록 세</td><td colspan="5">금 원정</td></tr>
<tr><td colspan="7">위와 같이 공매에 의하여 본인이 매수하는 바 국세징수법 제79조에 의하여 소유권 이전등기의 촉탁을 청구합니다.

년 월 일</td></tr>
</table>

청구인 (서명 또는 인)
장 귀하
붙임 : 등록세 금 원정

22226-16511민 92.12.28 승인 | 210mm×297mm (신문용지 54g/㎡)

[서식 11] 원천징수세액조정명세서

[별지 제10호의3서식] 〈신설 1996.12.31, 2001.4.3, 2006.12.15〉 (앞 쪽)

사업연도	. . ~ . .	원천징수세액조정명세서	법인명	

1. 당기 국외지배주주에 대한 지급이자 및 원천징수 현황							
①명칭	② 원금	③ 차입 기간	④ 당기 발생이자	당기 원천징수 내용			
				⑤지급일자	⑥지급액	⑦세율	⑧원천징수세액
소계							

2. 당기 국외지배주주에 대한 지급이자 손금불산입액 세액조정내용					
⑨명 칭	⑩손금불산입액	⑪배당세율	⑫이자세율	⑬세율차이 (⑪-⑫)	⑭조정세액 (⑩×⑬)
소 계					

22226-73711일 96.12.21 승인 | 210mm×297mm (신문용지 54g/㎡)

(뒤 쪽)

작 성 요 령

1. ①은 차입금을 대여한 국외지배주주의 명칭을 기재합니다.
2. ④는 당기에 귀속되는 지급이자로서 손금산입하는 금액을 기재합니다.
3. ⑤는 당기발생이자를 실제 지급한 날을 기재하고, 당기말 현재 미지급인 경우에는 "미지급"으로 기재합니다.
4. ⑧은 가산세를 제외한 원천징수세액을 기재합니다.
5. ⑭의 조정세액이(+)인 경우(즉, 납부할 세액이 있는 경우)에는 법인세법 제60조 제1항의 신고기한이 속하는 달의 다음달 10일까지 이를 납세지 관할세무서장에게 납부하여야 하며, 조정세액이 (−)인 경우(즉, 환급받을 세액이 있는 경우)에는 납 세지 관할세무서장에게 그 금액의 환급을 신청할 수 있습니다.

[서식 12] 면세유류판매업자 지정신청서

[별지 제13호서식] 〈신설 2008.4.24〉

<table>
<tr><th colspan="4">면세유류판매업자 지정신청서</th></tr>
<tr><td colspan="4">1. 신청인</td></tr>
<tr><td>상호(법인명)</td><td></td><td>사업자등록번호</td><td></td></tr>
<tr><td>대표자 성명</td><td></td><td>주민(법인)등록번호</td><td></td></tr>
<tr><td>사업장 소재지</td><td colspan="3">(전화번호 :)</td></tr>
<tr><td>사업의 종류</td><td colspan="3">① 대리점 ② 주유소 ③ 판매소 ④ 가스충전소 ⑤ 기타 ( )</td></tr>
<tr><td colspan="4">2. 면세유류 신청 현황</td></tr>
<tr><td>취급유종</td><td>면세유류구입카드
단말기 설치 여부</td><td>전년도 면세유류 공급량
(예상 공급량)</td><td>비 고</td></tr>
<tr><td></td><td></td><td></td><td></td></tr>
</table>

「조세특례제한법 제106조의2제7항 및「농·축산·임·어업용 기자재 및 석유류에 대한 부가가치세 영세율 및 면세 적용 등에 관한 특례규정」제20조의2제1항에 따라 면세유류 판매업자 지정을 신청합니다.

년 월 일

신 청 인 (서명 또는 인)

귀하

※ 구비서류
1. 석유판매업자 허가증, 등록증 또는 신고필증 사본 1부.
2. 사업자등록증 사본 1부.
3. 면세유류구입카드 인식 단말기 설치 확인서 1부.

[서식 13] 농·어업용기자재부가가치세환급신청명세서

[별지 제8호서식]

농·어업용기자재부가가치세환급신청명세서
(년 제 기)

① 일련번호	환 급 자		구 입 내 역			⑦환급 신청액	⑧ 비고
	② 성 명 (법인명)	③ 주민(사업자) 등록번호	④건수	⑤공급가액	⑥세액		
1							
2							
3							
4							
5							
6							
7							

8							
9							
10							
11							
12							
13							
14							
15							
16							
17							
18							
19							
20							
계							

210㎜×297㎜
(신문용지 54g/㎡(재활용품))

[서식 14] 매입세금계산서합계표

[별지 제7호서식]

매입세금계산서합계표

관리번호	-

① 성 명		② 주민등록번호			
③ 주 소 지	(☎)				
④ 거래기간	년 월 일 ~ 년 월 일			⑤ 작성일자	
구 분	⑥ 매입처수	⑦ 매수	⑧ 공급가액	⑨ 세액	비 고
합 계					

⑩일련 번호	⑪사업자 등록번호	⑫상 호 (법인명)	⑬구입 연월일	⑭품 목	⑮수 량	⑯공급가액	⑰세 액

210㎜×297㎜
(신문용지 54g/㎡(재활용품))

[서식 15] 사용실적신고서

[별지 제12호서식] 〈개정 2008.4.24〉

사 용 실 적 신 고 서					처리기간
관리번호	-				즉시
신고인	① 성 명(대표자)		② 상호(법인명)		
	③ 주민(사업자)등록번호		④ 전 화 번 호		
	⑤ 주 소(사업장소재지)				

신 고 내 역					
⑥농기계등 의종류	⑦신고기간	신 고 내 용			⑪비 고
		⑧총누적시간	⑨기신고기간	⑩당해신고기간	

「조세특례제한법」제106조의2제5항제1호 및「농·축산·임·어업용 기자재 및 석유류에 대한 부가가치세 영세율 및 면세 적용 등에 관한 특례규정」제17조제3항의 규정에 의한 농업기계 및 선박에 대한 사용실적을 위와 같이 신고합니다.

년 월 일

신고인 (서명 또는 인)

조합장 귀하

※ 구비서류 : 없음	수수료
	없음

210㎜×297㎜
(신문용지 54g/㎡(재활용품))

[서식 16] 납품확인서

[별지 제3호서식] 〈개정 2007.3.29〉

납 품 확 인 서

공급자	① 성 명(법 인 명)		② 사업자등록번호	
	③ 성 명(대표자명)		④ 주 민 등 록 번 호	
	⑤ 사 업 장 소 재 지	(전화번호)		

⑥ 공급연월일	⑦ 품명	⑧ 규격	⑨ 수량	⑩ 단가	⑪ 공급가액	⑫ 비고

위와 같이 「조세특례제한법」 제105조제5호 및 제6호의 규정에 의하여 부가가치세 영세율이 적용되는 농·축산·임·어업용기자재를 공급하였음을 확인합니다.

년 월 일

공급받는자 상호
성명 (서명 또는 인)
사무소소재지

210㎜×297㎜(신문용지 54g/㎡)

[서식 17] 소급공제 법인세액환급신청서

[별지 제68호서식] 〈개정 2010.3.31〉 (앞 쪽)

※ 접수번호	소급공제 법인세액환급신청서			처리기간
−				즉 시
신청인 법 인 명		사업자등록번호		
신청인 대표자 성명		업 태·종 목		
신청인 소 재 지				
① 결손사업연도	년 월 일 ~ 년 월 일	②직전사업연도	년 월 일 ~ 년 월 일	
③ 결손사업연도 결 손 금 액	⑥ 결손금액			
	⑦ 소급공제받을 결손금액			
④ 직전사업연도	⑧ 과세표준			

법인세액 계산	⑨ 세 율	
	⑩ 산출세액	
	⑪ 공제감면세액	
	⑫ 차감세액(⑩－⑪)	
⑤ 환급신청세액 계 산	⑬ 직전사업연도법인세액(⑬＝⑩)	
	⑭ 차감할 세액[(⑧－⑦)×세율][⑭≧(⑩－⑫)]	
	⑮ 환급신청세액(⑬－⑭)(⑮≦⑫)	

국세환급금계좌신고	
㊲ 예 입 처	은행 (본)지점
㊳ 예금종류	예금
㊴ 계좌번호	

「법인세법」제72조 및 같은 법 시행령 제110조제3항에 따라 소급공제법인세액 환급신청서를 제출합니다.

년 월 일

신청인 (서명 또는 인)

210㎜×297㎜(신문용지 54g/㎡(재활용품))

(뒤 쪽)

작 성 방 법

1. ※표시란은 적지 마십시오.
2. ⑥결손금액란 :「법인세법」제14조제2항의 결손금을 적습니다.
3. ⑦소급공제받을 결손금액란 : ⑥란의 결손금액중 소급공제를 받고자 하는 금액을 적되, ⑧란의 과세표준금액을 초과할 수 없습니다.
4. ⑧과세표준 및 ⑪공제감면세액란 : 환급신청일 현재 확정된 금액을 각각 적습니다.
5. ⑨·⑭란의 세율은 직전사업연도에 적용되는 법인세율을 말합니다.
6. ⑩산출세액란 : ⑧란의 과세표준에 세율을 적용하여 산출한 금액을 적습니다.
7. ⑬직전사업연도법인세액란 : ⑪란의 공제감면세액을 빼기 전의 금액(⑩산출세액란의 금액)을 옮겨 적습니다.
8. ⑭차감할 세액란

가. ⑧란의 과세표준에서 ⑦란의 소급공제받을 결손금액을 차감한 금액에 세율을 적용하여 계산한 금액(원미만 금액은 절사)을 적습니다.
나. ⑪란의 공제감면세액이 있는 경우에는 ⑦란의 소급공제받을 결손금액을 조정하여 ⑪란의 공제감면세액과 같거나 큰 금액을 적어야 합니다.

9. ⑮란의 환급신청세액은 직전사업연도의 소득에 부과된 법인세액으로서 납부하였거나 납부하여야 할 법인세액을 초과할 수 없습니다.

[서식 18] 사업장현황신고서

[별지 제19호서식] 〈개정 2008.4.29〉 (앞 쪽)

사업장현황신고서

관리번호	

과세기간(년 월 일 ~ 년 월 일)

1. 인적사항

①상 호		②사업자등록번호	- -	공동사업 □여 □부	
③성 명		④주민등록번호	-		
⑤사업장주소				⑥ 전 화 번 호	
⑦전화번호(자택)		⑧휴대전화		⑨ 전자우편 주소	
⑩ 개업연월일		⑪폐업연월일		⑫ 폐 업 사 유	

2. 수입금액(매출액) 내역 (단위:원)

⑬업 태		⑭종 목	⑮업종코드	수입금액(매출액)		
				⑯소계(⑰+⑱)	⑰계산서발행금액	⑱그 밖의 수입금액
01						
02						
03						
⑲합 계						

3. 수입금액(매출액)결제수단별 구성명세 (단위:원)

⑳합계 (=⑲)	㉑신용카드/선불카드매출액	㉒현금영수증 매출액	㉓지로(GIRO) 매출액	㉔금융기관 수납금액 (㉓과 중복분 제외)	㉕그 밖의 매출액

4. 계산서·세금계산서·신용카드 수취금액 (단위:원)

㉖합 계	㉗계산서를 받고 매입한 금액	㉘세금계산서를 받고 매입한 금액	㉙신용카드 등으로 매입한 금액(㉗㉘과 중복분은 제외)

5. 기본사항(연도말 기준) (단위:㎡,원,대,명)

시 설 현 황				㉞종업원수
㉚건물면적	㉛임차보증금	㉜차 량	㉝그 밖의 특수시설 등	

6. 기본경비(연간 금액) (단위:원)

㉟합 계	㊱임 차 료	㊲매 입 액	㊳인 건 비	㊴그 밖의 제경비

7. 첨부서류(해당자만 표기)

㊵매입처별계산서합계표 □전산매체 □서면
㊶매출처별계산서합계표 □전산매체 □서면
㊷매입처별세금계산서합계표 □전산매체 □서면
㊸수입금액검토표 □

신고인은 「소득세법」 제78조 및 동법 시행령 제141조제1항에 따라 (□서면 □전자) 신고하며, **위 내용을 충분히 검토하였고 신고인이 알고 있는 사실 그대로를 정확하게 기재하였음을 확인합니다.**

년 월 일

신 고 인 (서명 또는 인)

세무대리인은 조세전문자격자로서 위 신고서를 성실하고 공정하게 작성하였음을 확인합니다.

세무대리인 (서명 또는 인)

세무서장 귀하

210㎜×297㎜(신문용지 54g/㎡(재활용품))

(뒤 쪽)

작 성 방 법

1. 이 서식은 부가가치세면세사업자(자료과세자·납세조합가입자를 제외합니다)가 사업장별로 각각 작성하며, 공동사업자는 공동사업장신고서와 대표자 및 구성원 각각의 신고서를 별지로 작성하여 제출하여야 합니다.

2. 인적사항(①~⑫)란 : 사업자등록증의 내용을 기재합니다.
   가. 별도의 사업장이 없는 경우에는 ⑤사업장주소란에 주소지를 기재하고, ⑧휴대전화와 ⑨전자우편 주소를 기재합니다.
   나. 과세기간 중 폐업자는 ⑪폐업연월일과 ⑫폐업사유를 기재하고, 사업자등록증을 첨부하여 제출하면 폐업신고에 갈음할 수 있습니다.

3. 수입금액(매출액)내역(⑯~⑱)란 : 업태·종목별로 구분하여 수입금액을 기재하되, 각 업태·종목별 수입금액은 계산서를 발행한 금액과 계산서를 발행하지 아니한 그 밖의 금액(신용카드·지로·현금 등 매출액)으로 구분하여 ⑰계산서발행금액란과 ⑱그

밖의 수입금액란에 각각 기재하고, 그 합계액을 ⑯소계란에 기재합니다. 다만, ⑮업종코드란은 사업자가 기재하지 아니합니다.

4. ⑲합계란 : ⑯소계란의 수입금액을 각각 합계하여 기재합니다.

5. 수입금액(매출액) 결제수단별 구성명세(⑳~㉕)란의 ⑳합계란 : ⑲합계란의 합계금액과 같아야 하며, 수입금액의 결제수단별 구성명세를 신용카드·선불카드매출액, 현금영수증매출액, 지로(GIRO)매출액, 금융기관수납금액(지로매출액과 중복분을 제외합니다)과 그 밖의 매출액으로 구분하여 ㉑란 내지 ㉕란에 각각 기재합니다.

6. 계산서·세금계산서·신용카드 수취금액(㉖~㉙)란 : 해당 과세기간의 사업관련 매입금액 중 계산서 및 세금계산서를 받고 매입한 금액(㉗·㉘), 신용카드 등으로 매입한 금액(㉙)을 구분하여 각각 기재하며, 합계액을 ㉖합계란에 기재합니다. 다만, 해당란과 관련하여 수취한 계산서 및 세금계산서는 반드시 합계표를 작성하여 제출하여야 합니다.

7. 기본사항(㉚~㉞)란 : 과세기간 종료일 현재를 기준으로 기재하되, ㉚건물면적란에는 전용면적을 기재합니다.

8. ㊲매입란 : 해당 연도의 수입금액 창출과 직접 관련하여 매입한 원재료·상품 등만을 기재하고, 사업용 건물과 차량 등 고정자산 구입액을 제외합니다.

9. 기본경비(㊱·㊳·㊴)란 : 해당 과세기간에 사업과 관련하여 지출한 금액을 기재하되, ㊱란 내지 ㊳란을 제외한 모든 경비(예를 들면, 광고선전비, 보험료 및 지급이자 등입니다)는 ㊴그 밖의 제경비란에 기재합니다.

10. ㉟합계란 : ㊱란 내지 ㊴란의 금액을 합계하여 기재합니다.

11. 첨부서류(㊵~㊷)란 : 계산서·세금계산서 합계표의 전산매체 또는 서면 제출여부를 □ 안에 "√"표시를 하며, 첨부서류가 없거나 미제출시에는 표시하지 아니합니다.

12. ㊸수입금액검토표란 : 수입금액검토표를 제출하는 때에 "√"표시를 합니다.

[서식 19] 상속세과세표준신고 및 자진납부계산서

[별지 제 9 호서식] 〈개정 2008.4.30〉 (앞 쪽)

상속세과세표준신고 및 자진납부계산서

①관리번호	-

신 고 인	②성 명		③주민등록번호		피상속인과의 관계	
	④주 소	(☎)			전자우편 주소	
피상속인	⑤성 명		⑥주민등록번호			
	⑦주 소					
⑧상 속 원 인			⑨상 속 개 시 일			

구 분			금 액
⑩상 속 세 과 세 가 액			
⑪상 속 공 제 액			
⑫과 세 표 준 (⑩-⑪)			
⑬세 율			
⑭산 출 세 액			
⑮ 세 대 생 략 가 산 액 (「상속세 및 증여세법」제27조)			
⑯산 출 세 액(⑭+⑮)			
⑰문 화 재 등 징 수 유 예 세 액			
세액공제	⑱ 계(⑲+⑳+㉑+㉒+㉓)		
	⑲ 증여세액공제	소 계	
		「상속세 및 증여세법」 제28조	
		「조세특례제한법」 제30조의5 및 제30조의6	
	⑳외국납부세액공제 (「상속세 및 증여세법」 제29조)		

구 분			금 액
㉔신 고 불 성 실 가 산 세			
㉕납 부 불 성 실 가 산 세			
㉖차 가 감 납 부 할 세 액 (⑯-⑰-⑱+㉔+㉕)			
납부방법		납부·신청일자	
㉗연부연납세액			
㉘물 납			
현금	㉙분 납		
	㉚신고납부		

「상속세 및 증여세법」제67조 및 같은 법 시행령 제64조제1항에 따라 상속세과세표준신고 및 자진납부계산서를 제출합니다.

년 월 일

신 고 인 (서명 또는 인)

세무대리인 (서명 또는 인)

(관리번호 : ☎)

세무서장 귀하

<table>
<tr><td rowspan="3"></td><td>㉑단기세액 공제
(「상속세 및 증여세법」 제30조)</td><td></td></tr>
<tr><td>㉒신고세액공제
(「상속세 및 증여세법」 제69조)</td><td></td></tr>
<tr><td>㉓그 밖의 공제</td><td></td></tr>
<tr><td rowspan="2">구비서류</td><td>신고인 제출서류</td><td>담당 공무원 확인사항
(담당 공무원의 확인에 동의하지 아니하는 경우 신고인이 직접 제출하여야 하는 서류)</td></tr>
<tr><td>1. 피상속인의 가족관계증명서 1부
2. 상속세과세가액계산명세서(부표 1) 1부
3. 상속인별 상속재산 및 평가명세서(부표 2) 1부
4. 채무·공과금·장례비용 및 상속공제 명세서(부표 3) 1부
5. 상속개시 전 1(2)년 이내 재산처분·채무부담 내역 및 사용처 소명명세서(부표 4) 1부</td><td>상속인의 가족관계증명서(1부)</td></tr>
<tr><td colspan="3">본인은 이 건 업무처리와 관련하여「전자정부법」제21조제1 항에 따른 행정정보의 공동이용을 통하여 담당 공무원이 위의 담당 공무원 확인사항을 확인하는 것에 동의합니다.
신고인 (서명 또는 인)</td></tr>
</table>

210㎜×297㎜(신문용지 54g/㎡ (재활용품))

(뒤 쪽)

작 성 방 법

1. ①관리번호란은 신고인이 적지 아니합니다.
2. ⑧상속원인란에는 사망·인정사망 또는 실종 등으로 구분하여 적습니다.
3. ⑧상속원인이 실종선고인 경우, ⑨상속개시일란에는 실종선고일을 적습니다.
4. ⑩상속세과세가액란에는 상속세과세가액계산명세서(별지 제9호서식 부표 1)의 ㉖상속세과세가액란의 금액을 적습니다.
5. ⑪상속공제액란에는 채무·공과금·장례비용 및 상속공제 명세서(별지 제9호서식 부표 3)의 ㉗상속공제금액 합계란의 금액을 적습니다.
6. ⑲증여세액공제란은「상속세 및 증여세법」 제28조와「조세특례제한법」 제30조의5 및 제30조의6의 증여세액공제액을 구분하여 각각 적습니다.

7. ㉔신고불성실가산세란 및 ㉕납부불성실가산세란에는 「국세기본법」 제45조의3에 따라 기한 후 신고를 하는 경우에 「국세기본법」 제47조부터 제48조까지에 따라 부담할 가산세를 적습니다.

8. ㉙분납란은 납부할 금액(⑯-⑰-⑱)이 1천만원을 초과하는 경우 다음 구분에 따른 금액을 적되, 「상속세 및 증여세법」 제71조에 따라 연부연납을 허가받은 경우에는 분납을 신청할 수 없습니다.
   가. 납부할 세액이 2천만원 이하인 때에는 1천만원을 초과하는 금액
   나. 납부할 세액이 2천만원을 초과하는 때에는 그 세액의 100분의 50 이하의 금액

9. ㉚신고납부란은 「상속세 및 증여세법」 제67조에 따른 상속세과세표준신고서에 납부할 세액을 적습니다.

상속세 세율표

과세표준	세율	누진공제액
1억원이하	10%	0
1억원 초과 5억원이하	20%	1,000만원
5억원 초과 10억원 이하	30%	6,000만원
10억원 초과 30억원 이하	40%	16,000만원
30억원 초과	50%	46,000만원

* ⑭ 산출세액 = (과세표준 × 세율)-누진공제액

[서식 20] 상속세과세가액계산명세서

[별지 제9호서식 부표 1] 〈개정 2008.4.30〉

상속세과세가액계산명세서

①관리번호	-

가. 상속받은 총재산

② 재산종류	③ 소 재 지		④수량(면적)	⑤가 액	⑥비고
	국외재산국가명				

⑦ 계				

나. 상속세 과세가액 계산

총상속재산 가 액	⑧상 속 재 산 가 액	
	⑨상속개시 전 처분재산등 산입액 (「상속세 및 증여세법」 제15조)	
	⑩ 합 계	
비과세 재산가액 (「상속세 및 증여세법」 제12조)	⑪ 계	
	⑫금양(禁養)임야등 가액 (「민법」제1008조의3)	
	⑬문 화 재 가 액	
	⑭기 타	
과세가액 불산입액	⑮ 계	
	⑯공익법인 출연재산가액 (「상속세 및 증여세법」제16조)	
	⑰공 익 신 탁 재 산 가 액 (「상속세 및 증여세법」제17조)	
	⑱기 타	
공제금액 (「상속세 및 증여세법」 제14조)	⑲ 계	
	⑳공 과 금	
	㉑장 례 비 용	
	㉒채 무	
가산하는 증여재산가액	㉓ 계 (㉔+㉕ 또는 ㉔+㉖)	
	㉔ 「상속세 및 증여세법」제13조	
	㉕ 「조 세 특 례 제 한 법」제30조의5	
	㉖ 「조 세 특 례 제 한 법」제30조의6	
㉗ 상 속 세 과 세 가 액[⑩-(⑪+⑮+⑲)+㉓]		

※ **작성방법**

1. ③ 소재지「국외재산 국가명」에는 재산 소재지가 국외인 경우 '재산소재지 국명'을 적고, 국외재산 소재지는 한글 또는 영문으로 적는 것이 원칙입니다.
2. ⑥비고란에는 ⑧·⑨·⑫·⑬·⑭·⑯·⑰·⑱·㉔·㉕·㉖에 해당되는 재산의 경우에 그 번호를 적습니다. 비과세재산과 과세가액불산입재산의 경우 그 번호와 ⑧을 중복하여 적습니다.
3 ⑧상속재산가액란에는 본래의 상속재산가액에「상속세 및 증여세법」제8조부터 제10조까지의 상속재산을 합산한 금액을 적습니다. ⑧상속재산가액란의 금액에는「상속세 및 증여세법」 제13조 및

㉕·㉖「조세특례제한법」제30조의5 및 제30조의6에 따라 가산하는 증여재산가액을 포함하지 아니합니다.

4. ⑨법 제15조 상속개시전 처분재산등 산입액란에는 상속개시전 1(2)년 이내 재산처분·채무부담 내역 및 용처명세서(별지 제9호서식 부표 4)의 ⑯상속추정 재산가액란의 금액을 적습니다.
5. ⑳공과금란부터 ㉒채무란까지는 채무·공과금·장례비용 및 상속공제명세서(별지 제9호서식 부표 3)의 각 해당금액을 적습니다.
6. ㉕·㉖「조세특례제한법」제30조의5 및 제30조의6란은 증여당시의 창업자금, 가업승계 주식 등 증여산 평가가액을 적습니다.

210㎜×297㎜(신문용지 54g/㎡(재활용품))

[서식 21] 소득공제신청서

[별지 제71호의2서식] 〈개정 2010.3.31〉

소 득 공 제 신 청 서				처리기간 즉 시
신청인	① 법 인 명		② 사업자등록번호	
	③ 대표자성명		④ 전 화 번 호	
	⑤ 본점소재지			
⑥ 사 업 연 도		년 월 일부터 년 월 일까지		

1. 배당가능이익

⑦당기순이익	⑧유가증권 평가이익	⑨유가증권 평가손실	⑩이월이익 잉 여 금	⑪이월결손금	⑫이익준비금	⑬배 당 가 능 이 익 (⑦-⑧+⑨+⑩-⑪-⑫)

2. 소득공제액 및 공제한도

⑭ 배당가능이익의 90% (⑬×90%)	⑮ 실 제 배 당 액	⑯ 소득공제 해당여부 (⑭≤⑮)	⑰소득공제액 (⑮)	⑱당해 사업연도 소득금액(공제한도)

「법인세법시행령」 제86조의2제9항에 따라 소득공제신청서를 제출합니다.

년 월 일

신청인 (서명 또는 인)

세무서장 귀하

210㎜×297㎜(신문용지 54g/㎡(재활용품))

[서식 22] 소득공제조정명세서

[별지 제7호서식] 〈개정 2010.3.31〉

사업연도	. . . ~ . . .	소득공제조정명세서	법 인 명	
			사업자등록번호	

소득공제액 계산내역

① 구 분		②근거법 조항	코드	③ 계산 기준	④계 산 기준금액	⑤ 공제율	⑥소득공제 대상금액	⑦최저한세적용감면배제금액	⑧소득공제액 (⑥-⑦)
조세특례제한법	⑩배당금액 소득공제	법 제54조	57	배당 금액		100/100			
	⑩축 산 업 소득공제	법률제6538호 부칙제31조	54	해당소 득금액		20/100			
	⑩국민주택 임대소득 공 제	법 제55조의2	60	해당소 득금액		50/100			
	⑩고용유지 중소기업 소득공제	법 제30조의3	62	임금 삭감액		50/100			
	⑩		58						
	⑩								
	⑩								
	⑩ 계 (⑩~⑩)		59						
법인세법	⑩배당금액 소득공제	법 제51조의2	82	배당 금액		100/100			
	⑩외국법인 외국항행 소득공제	법 제91조	83	외국 항행 소득					
	⑪		84						
	⑫ 계 (⑩~⑪)		89						
⑬ 합계 (⑩+⑫)			99					※	

※ 표시란의 금액은 최저한세조정계산서(별지 제4호서식) 상의 ⑪소득공제란중 ④란의 조정감금액을 적고, 각 구분별 최저한세적용감면배제금액을 조정하여 적습니다.

210㎜×297㎜(신문용지 54g/㎡(재활용품))

[서식 23] 유류 면세용도 사용확인신청서/확인서

[별지 제24호서식] 〈개정 2010.4.26〉

<table>
<tr><td colspan="4">유류 면세용도 사용[확인신청서
확인서]</td><td>처리기간
5일</td></tr>
<tr><td rowspan="3">신청인</td><td>① 성 명(대표자)</td><td></td><td>② 주민등록번호
(법인등록번호)</td><td></td></tr>
<tr><td>③ 상 호(법인명)</td><td></td><td>④ 전 화 번 호</td><td></td></tr>
<tr><td>⑤ 주소(본점소재지)</td><td colspan="3"></td></tr>
</table>

신 청 내 용				
⑥ 유 류 명	⑦ 수 량	⑧ 단 가	⑨ 금 액	⑩ 비 고
⑪ 사용장소			⑫ 사업자등록번호	
⑬ 사 용 일	년 월 일		⑭ 반 입 일	년 월 일
⑮ 용 도				

위와 같이 해당 용도에 사용했음을「개별소비세법 시행령」제33조 제1항 제3호에 따라 확인하여 주시기 바랍니다.

년 월 일

신청인 (서명 또는 인)

귀하

제 호

「개별소비세법 시행령」제33조제1항제3호에 따라 위 사실을 확인합니다.

년 월 일

확인기관장 직인

귀하

구비서류	없음	수수료 없 음

210㎜×297㎜(신문용지 60g/㎡(재활용품))

[서식 24] 유류면세용도사용보고서

[별지 제23호서식] 〈개정 2010.4.26〉

<table>
<tr><td colspan="5" rowspan="2">유류 면세용도 사용보고서</td><td>처리기간</td></tr>
<tr><td>즉 시</td></tr>
<tr><td rowspan="3">보고자</td><td>① 성 명(대표자)</td><td></td><td>② 주민등록번호
(법인등록번호)</td><td colspan="2"></td></tr>
<tr><td>③ 상 호(법인명)</td><td></td><td>④ 전 화 번 호</td><td colspan="2"></td></tr>
<tr><td>⑤ 주소(본점 소재지)</td><td colspan="4"></td></tr>
<tr><td colspan="6">사 용 내 용</td></tr>
<tr><td>⑥ 유 류 명</td><td>⑦ 수 량</td><td>⑧ 단 가</td><td>⑨ 금 액</td><td colspan="2">⑩ 비 고</td></tr>
<tr><td></td><td></td><td></td><td></td><td colspan="2"></td></tr>
<tr><td></td><td></td><td></td><td></td><td colspan="2"></td></tr>
<tr><td>⑪ 사용장소</td><td colspan="2"></td><td>⑫ 사업자 등록번호</td><td colspan="2"></td></tr>
<tr><td>⑬ 사 용 일</td><td colspan="2">년 월 일</td><td>⑭ 반 입 일</td><td colspan="2">년 월 일</td></tr>
<tr><td>⑮ 용 도</td><td colspan="5"></td></tr>
<tr><td colspan="6">위와 같이 해당 용도에 사용했음을 「개별소비세법 시행령」 제33조 제1항 제3호에 따라 보고합니다.

년 월 일

보고자 (서명 또는 인)

세무서장 귀하</td></tr>
<tr><td rowspan="2">구비서류</td><td colspan="4" rowspan="2">없음</td><td>수수료</td></tr>
<tr><td>없 음</td></tr>
</table>

210㎜×297㎜(신문용지 60g/㎡(재활용품))

[서식 25] 유류면세용도사용보고서

[별지 제15호서식] 〈개정 2007.4.5〉

<table>
<tr><td colspan="8" rowspan="2">유류면세용도사용보고서</td><td>처리기간</td></tr>
<tr><td>즉 시</td></tr>
<tr><td rowspan="3">보
고
자</td><td>① 성 명(대표자)</td><td colspan="3"></td><td colspan="2">② 주민(법인)등록번호</td><td colspan="2"></td></tr>
<tr><td>③ 상 호(법인명)</td><td colspan="3"></td><td colspan="2">④ 전 화 번 호</td><td colspan="2"></td></tr>
<tr><td>⑤ 주 소(본점소재지)</td><td colspan="7"></td></tr>
<tr><td colspan="9">사 용 내 용</td></tr>
<tr><td colspan="2">⑥ 유 류 명</td><td>⑦ 수 량</td><td colspan="2">⑧ 단 가</td><td colspan="2">⑨ 금 액</td><td colspan="2">⑩ 적 요</td></tr>
<tr><td colspan="2"></td><td></td><td colspan="2"></td><td colspan="2"></td><td colspan="2"></td></tr>
<tr><td colspan="2"></td><td></td><td colspan="2"></td><td colspan="2"></td><td colspan="2"></td></tr>
<tr><td colspan="2">⑪ 사 용 장 소</td><td colspan="2"></td><td colspan="3">⑫ 사업자등록번호</td><td colspan="2"></td></tr>
<tr><td colspan="2">⑬ 사 용 일 자</td><td colspan="2">년 월 일</td><td colspan="3">⑭ 반 입 일 자</td><td colspan="2">년 월 일</td></tr>
<tr><td colspan="2">⑮ 사 용 용 도</td><td colspan="7"></td></tr>
<tr><td colspan="9">위와 같이 당해 용도에 사용하였음을 「교통·에너지·환경세법 시행령」 [□ 제23조제1항제2호 / □ 제24조제2항제4호] 에 따라 보고합니다.

년 월 일

보고자 (서명 또는 인)

세무서장 귀하</td></tr>
<tr><td colspan="8" rowspan="2">구비서류 : 없 음</td><td>수 수 료</td></tr>
<tr><td>없 음</td></tr>
</table>

일반용지 60g/㎡(재활용품) 또는 신문용지 54g/㎡(재활용품)

제4장 공 탁

[서식 1] 공탁금계좌입금신청서

[제9-1호 양식]

공탁금 계좌 입금 신청서

공탁번호		청구금액	
입금계좌번호	은행 지점 계좌번호 : 예 금 주 : 신청인 본인		
출 급 (회 수) 인		첨부서류	- 신청인 명의 예금통장 사본 - 실명확인증표 사본 (사업자등록증, 주민등록증 등) - 대리신청시 위임장, 인감증명서
성 명 (상호, 명칭)			
주민등록번호 (사업자등록번호)			

신청인이 수령할 위 공탁금을 신청인의 비용부담으로 위 예금계좌에 입금하여 주시기 바랍니다.

년 월 일

신청인 주소
성명 (인) (전화번호)

대리인 주소
주민등록번호
성명 (인) (전화번호)

법원 지원 공탁관 귀하

고객정보 등록필 : OO은행 OO지점 (인)

[서식 2] 공탁금계좌입금신청서(원거리 신청용)

[제9-4호 양식]

공탁금 계좌 입금 신청서(원거리 신청용)

<table>
<tr><td colspan="2">접수공탁법원</td><td></td><td>접수공탁법원
공탁금
보관은행</td><td></td></tr>
<tr><td colspan="2">관할공탁법원</td><td></td><td>관할공탁법원
공탁금
보관은행</td><td></td></tr>
<tr><td colspan="2">관할공탁법원
공탁사건번호</td><td></td><td>청구금액</td><td></td></tr>
<tr><td colspan="2">입금계좌번호</td><td colspan="3">은행 지점 계좌번호 :
예 금 주 : 신청인 본인</td></tr>
<tr><td colspan="3">출 급 (회 수) 인</td><td rowspan="3">첨부서류</td><td rowspan="3">- 신청인 명의 예금통장 사본
- 실명확인증표 사본
(사업자등록증, 주민등록증 등)
- 대리신청 시 위임장, 인감증명서</td></tr>
<tr><td>성 명
(상호, 명칭)</td><td colspan="2"></td></tr>
<tr><td>주민등록번호
(사업자등록번호)</td><td colspan="2"></td></tr>
</table>

신청인이 수령할 위 공탁금을 위 예금계좌에 입금하여 주시기 바랍니다.

년 월 일

신청인 주소
성명 (인) (전화번호)

대리인 주소
주민등록번호
성명 (인) (전화번호)

관할공탁법원: 법원 지원 공탁관 귀하

고객정보 등록필 : OO은행 OO지점 (인)

※ 본 신청서를 접수한 은행은 접수 후 지체 없이 과세정보를 관할공탁소 공탁금보관은행에 송부하시기 바랍니다.

[서식 3] 공탁금 이자청구서

[제14-1호 양식]

공탁금 이자 청구서공탁금 이자 청구서

공 탁 번 호	년 금 제 호	공 탁 금 액	한글
			숫자

위 공탁금에 대한 년 월 일부터 년 월 일까지의 이자를 청구합니다.

년 월 일

청구인 주소
주민등록번호
(사업자등록번호)
성명 인(서명)

대리인 주소
전화번호
성명 인(서명)

위 청구를 인가합니다.

년 월 일

법원 지원 공탁관 (인)

위 공탁금이자(공탁금 이자청구서 1통)를 수령하였습니다.

년 월 일

수령인(청구인 또는 대리인) 성명 (인)

※ 1. 본인이 신분증을 지참하고 청구하는 이자의 총 액면금액이 1,000만원 이하인 경우에는 날인 대신 서명할 수 있습니다.
2. 대리인이 청구하는 경우에는 대리인의 주소와 성명을 적고 날인(서명)하여야 하며, 이때에는 본인의 인감도장을 날인한 위임장과 그 인감증명서를 첨부하여야 합니다.※ 1. 본인이 신분증을 지참하고 청구하는 이자의 총 액면금액이 1,000만원 이하인 경우에는 날인 대신 서명할 수 있습니다.
3. 대리인이 청구하는 경우에는 대리인의 주소와 성명을 적고 날인(서명)하여야 하며, 이 때에는 본인의 인감도장을 날인한 위임장과 그 인감증명서를 첨부하여야 합니다.

[서식 4] 공탁금 출급·회수청구서

[제8-1호 양식]

공탁금 출급·회수 청구서

공 탁 번 호	년 금 제 호	공 탁 금 액	한글
			숫자

공탁자	성 명 (상호, 명칭)		피공탁자	성 명 (상호, 명칭)	
	주민등록번호 (법인등록번호)			주민등록번호 (법인등록번호)	

	청구금액	이자의 청구기간	이자 금액	합계금액	비 고
청구내역	한글				
	숫자				

보 관 은 행	은행 법원 지점	
청구 및 이의유보 사 유	※ 회수청구시에는 아래를 참고하시고, 해당란에 ☑하시기 바랍니다. ☐ 민법 제489조에 의하여 회수 ☐ 착오공탁(착오증명서면 첨부 필요) ☐ 공탁원인소멸(담보취소, 본압류이전, 가압류취하·취소· 해제 등)	※ 출급청구시 해당란에 ☑하시거나 기타란에 간단히 기재하시기 바랍니다. ☐ 담보권실행 ☐ 배당에 의함 ☐ 채권양수에 의함 ☐ 기타) ※ 출급청구시에는 이의가 있으면 이의유보란에, 이의가 없으면 공탁수락란에 ☑하시기 바랍니다. ☐ 공탁을 수락하고 출급함 ☐ 이의를 유보하고 출급함
비고(첨부서류 등)	☐ 공탁서 또는 공탁통지서 ☐ 신분증 사본 ☐ 위임장 ☐ 인감증명서 ☐ 주민등록초본 ☐ 법인등기부등본 ☐ 담보취소결정 정본 및 확정증명 ☐ 가압류에서 이전되는 압류추심·전부명령 정본 및 송달·확정증명 ☐ 가압류 취하·해제증명 등 ☐ 동의서·승낙서·보증서 ☐ 채권양도 원인서면 ☐ 착오증명서면 ☐ 기타( )	

위와 같이 청구합니다.

년 월 일

청 구 인	대 리 인
주소 : 주민등록번호 : (사업자등록번호) 성명 : 인(서명) (전화번호:)	주소 : 성명 : 인(서명) (전화번호 :)

<table>
<tr><td>위 청구를 인가합니다.

년 월 일

법원 지원 공탁관 (인)</td></tr>
<tr><td>위 공탁금과 공탁금 이자(공탁금 출급·회수청구서 1통)를 수령하였습니다.

년 월 일

수령인(청구인 또는 대리인) 성명 (인)</td></tr>
</table>

※ 1. 굵은 글씨 부분은 필히 기재하시기 바랍니다.
2. 이자청구 내역란 및 합계란은 공탁금 보관은행에서 적습니다.
3. 본인이 신분증을 지참하고 1000만원 이하인 공탁금을 직접 청구할 때에는 날인 대신 서명할 수 있습니다.
4. 대리인이 청구하는 경우에는 대리인의 주소와 성명을 적고 날인(서명)하여야 하며, 이 때에는 본인의 인감도장을 날인한 위임장과 그 인감증명서를 첨부하여야 합니다. ③

[주] 1. 공탁물의 출급

(1) 기재사항

① 공탁물출급청구처 3통을 작성하여 기명날인하고 법령에 의한 소정의 서면을 첨부하여 공탁관에게 제출한다.

② 청구자가 피공탁자의 권리승계인인 때에는 그 취지를 기재한다.
예 : 피공탁자 망 이정현의 상속인 이민철

③ 공탁번호, 공탁법원, 공탁금액, 공탁자·피공탁자의 성명·주소·청구년원일을 기재한다.

※ 청구금액과 공탁금액은 통상적인 경우에는 같을 것이지만 분할청구(여러 명의 상속인들의 상속지분에 따라 청구) 등의 경우에는 달라질 수 있다.

공탁금의 이자(연 1%)는 공탁물보관자가 계산하여 지급한다.

(2) 청구 및 이의유보 사유

① 공탁자의 변제공탁을 전부 수락하고 공탁물을 찾는 경우 : "예" 공탁수락

② 이의를 유보하고 찾는 경우 : "예" '채권액 금 일천만원 중의 일부로서의 수락'등으로 표시한다.

③ 공탁물출급청구권을 양수 또는 전부한 경우 : "예" 공탁수락(출급청구권 양수) 또는 공탁수락(출급청구권 전부)로 기재한다.

(3) 첨부서류 등

공탁서상의 공탁금액(공탁물이 유가증권인 경우에는 총액면금을 말함)이 5,000만원 이하인 경우에는 공탁물출급청구시의 공탁통지서 또는 공탁물회수청구시의 공탁서를 첨부하지 않더라도, 신분에 관한 증명서(주민등록증·여권·운전면허증 등)에

의하여 본인(법인이나 법인 아닌 사단 또는 재단의 경우에는 그 대표자나 관리인) 또는 대리인임을 확인할 수 있다면 공탁물의 출급 또는 회수가 가능하다. 다음에서 첨부서류에 대하여 알아본다.

① 공탁통지서 또는 이해관계인의 승낙서(이 때 승낙서에 찍은 도장과 공탁서에 찍은 도장과 서로 같아야 하며 그렇지 않은 경우에는 승낙서에 인감증명서를 첨부하여야 한다.

② 보증지급의 경우에는 공탁관이 인정하는 두 사람 이상이 연대하여 그 사건에 관하여 손해가 생기는 때에는 이를 배상한다는 보증서와 그의 재산증명서(등기부등본)·신분증 사본을 첨부한다(단, 변호사·법무사가 대리하는 경우에는 재산증명서나 신분증 사본을 첨부하지 않아도 된다).

③ 최고지급의 경우에는 청구자가 위와 같은 보증서도 제출하지 못할 경우 공탁관은 이해관계인에 대하여 공탁물의 출금에 관하여 이의가 있으면 그 이유를 기재한 이의신청서를 통지를 받은 날로부터 2주일 이내에 제출할 것을 통지하여야 하고, 이해관계인을 알 수 없거나 또는 통지할 수 없을 때에는 공고기간 만료일로부터 2주일 이내에 이의신청서를 제출할 것을 공고한 후 공탁물을 지급할 수 있다.

④ 출급청구권의 승계인이 청구하는 경우

상속인의 경우에는 가족관계등록에 관한 서류(가족관계증명서등) 및 제적등본, 양수인의 경우에는 양도증서(공탁물출급청구권의 양도의사가 표시된 서면 및 양도사실통지서), 전부채권자의 경우에는 전부명령정본 및 그 확정증명 등을 첨부한다.

⑤ 채권자불확지공탁의 경우

통상적으로는 타방의 승낙서(인감증명서 포함)가 필요하며 승낙서를 받을 수 없는 사정이 있으면 그를 상대로 한 권리관계를 증명하는 확인판결(공탁물출급청구권 확인)의 정본이나 이와 동등한 효력이 있는 화해조서 등을 첨부한다.

⑥ 반대급부의 이행증명서

반대급부의 이행은 공탁자에게 하여야 하며 통상적으로 반대급부를 수령하였다는 영수증이 되겠지만 그 외에도 동의서, 반대급부채권포기서, 반대급부면제서 등이 있다.

공탁자의 서면에는 공탁서상의 인장과 동일한 인장이어야 하며, 인장이 다를 경우에는 인감증명서를 별도로 첨부하여야 한다.

⑦ 공탁물출급청구권자가 법인인 경우에는 대표자 또는 관리인의 자격을 증명하는 서면인 법인등기부등·초본을 제출하여야 하며 3개월 이내에 발행된 것이어야 한다.

법인이 아닌 사단 또는 재단인 경우에는 정관 기타 규약과 대표자 또는 관리인의 자격을 증명하는 서면, 예를 들어 종중이 공탁물을 출급하고자 할 경우에는 종중의 규약과 그 규약이 정하는 바에 따라 대표자를 선출한 대표자선임결의서 등이고 대표자를 선출하지 못하였을 경우에는 종중구성원 전부가 출급청구를 하여야 하므로 그 전부가 기명날인이 있어야 한다.

⑧ 공탁물출급청구권자가 법정대리인인 경우에는 가족관계증명서(법원의 선임에 의한 경우에는 선임결정서), 임의대리인인 경우에는 위임장을 제출하여야 한다.

⑨ 인감증명서

인감증명서상의 주소와 공탁서상의 주소가 서로 다른 때에는 주소변동사실이 기재된 법정대리인, 지배인, 등기된 대리인, 법인이나 법인 아닌 사단 또는 재단의 대표자나 관리인에 주민등록표 등·초본을 제출하여야 한다.

대리인 등에 의하여 공탁물의 출급을 청구할 때에는 그들 자신의 인감증명서를 제출하여야 한다. 그러나 공탁물을 출급청구하는 자가 관공서인 경우, 공탁서와 공탁통지서를 첨부한 경우에는 인감증명서를 제출하지 아니한다.

2. 공탁물의 회수

(1) 공탁물의 회수는 ① 착오공탁(공탁물을 수령할 자를 잘못 지정한 경우, 채무액을 초과 또는 미달액을 공탁한 경우) ② 공탁원인이 소멸한 때에 할 수 있다.

공탁물 회수시에는 공탁물회수청구서 3통을 작성하여 기명날인하고 법령에 의한 소정의 서면을 첨부하여 공탁관에게 제출하여야 한다.

(2) 청구서의 제출 및 작성요령, 청구권자, 자격증명서는 출급청구의 경우와 동일하며, 다만 청구사유란은 아래와 같이 구분하여 기재함이 상당하다.

① 변제공탁의 회수 : 모든 경우에 '공탁불수탁'이라고 기재한다

② 착오공탁을 원인으로 한 회수 : '착오공탁'이라고 기재한다.

③ 보증공탁 및 집행공탁물의 회수 : '공탁원인 소멸'로 기재한다.

(3) 첨부서면

① 공탁서를 분실한 경우에는 이해관계인(피공탁자)이 승낙서(공탁자의 공탁물 회수에 대한)를 첨부하고 강제집행(추심명령, 전부명령)이나 체납처분에 의하여 회수하는 경우에는 공탁서의 첨부가 생략된다.

② 회수청구권이 있음을 증명하는 서면

착오공탁의 회수시에는 착오사실을 증명하기에 족한 서면을, 공탁원인소멸로 인한 회수시에는 통상적으로 담보취소결정문과 그 확정증명서를 제출한다.

3. 공탁금지급청구권의 소멸시효와 국고귀속절차(2004. 9. 24. 행정예규 제560호)

가. 소멸시효 기간

(1) 공탁금 및 동 이자의 출금 및 회수청구권의 소멸시효는 민법 제162조 제1항의 규정에 의한다(10년)

(2) 공탁유가증권 및 공탁물품에 대하여는 소유권에 관한 청구가 가능하므로 소멸시효가 완성되지 아니한다.

나. 공탁금지급청구권의 소멸시효 기산일 등

(1) 변제공탁의 경우

공탁금회수청구권은 「공탁일」로부터 공탁금출급청구권을 「공탁통지서 수령일」로부터 기산함이 원칙이나, 다음의 경우에는 그 기산일에 주의를 요한다.

(가) 공탁의 기초가 된 사실관계에 대하여 공탁자와 피공탁자 사이에 다툼이 있는 경우에는 공탁물출급 및 회수청구권 모두 그 「분쟁이 해결된」로부터 기산한다.

(나) 채권자의 수령불능을 원인으로 한 공탁과 절대적 불확지공탁의 경우, 공탁금출급청구권은 공탁서정정 등을 통한 공탁통지서의 수령 등에 의하여 「피공탁자가 공탁사실을 안 날(공탁통지서 수령일)」로부터 기산한다.

(다) 상대적 불확지공탁의 경우, 공탁금출급청구권은 「공탁금의 출급청구권을 가진 자가 확정된 때」로부터 기산한다.

(라) 공탁에 반대급부의 조건이 있는 경우에는 「반대급부가 이행된 때」로부터, 공탁이 정지조건 또는 시기부 공탁인 경우에는 「조건이 성취된 때 또는 기한이 도래된 때」로부터 기산한다.

(2) 재판상 보증(담보)공탁의 경우

(가) 담보권리자(피공탁자)의 공탁금출급청구권의 기산일은 담보권을 행사할 수 있는 사유가 발생한 대로부터 기산한다.

(나) 담보제공자(공탁자)의 공탁금회수청구권의 기산일은,

① 담보제공자가 본안소송(화해, 인락, 포기 포함)에서 승소한 때에는 「재판확정일 또는 종국일」로부터, 패소한 때에는 「담보취소결정 확정일」로부터 각 기산한다.

② 본안소송 종국 전에 담보취소결정을 한 경우 또는 재판(결정)이 있은 후 그 재판(결정)을 집행하지 않았거나 집행불능인 경우에는 「담보취소결정 확정일」로부터 재판(결정) 전에 그 신청이 취하된 경우에는 「취하일」로부터 각 기산한다.

(3) 집행공탁의 경우

(가) 배당 기타 관공서의 결정에 의하여 공탁물의 지급을 하는 경우에는 「그 증명서 교부일」로부터 기산한다.

(나) 경매절차에서 채무자에게 교부할 잉여금을 공탁한 경우 또는 배당받을 채권자의 불출석으로 인하여 민사집행법 제160조 제2항에 따라 공탁한 경우에는 「공탁일」로부터 기산한다.

(4) 기타의 경우

(가) 위 나.의 (1), (2), (3)항에 규정되어 있지 아니한 공탁사건의 공탁금지급청구권의 소멸시효는 원칙적으로 「공탁금의 지급청구권을 행사할 수 있는 때」로부터 기산한다.

(나) 공탁원인이 소멸된 경우 공탁금회수청구권의 소멸시효는 「공탁원인이 소멸된

때」로부터 기산한다.

(다) 착오공탁의 경우 공탁금회수청구권의 소멸시효는 「공탁일」로부터 기산한다.

(5) 공탁금 이자의 경우

공탁금 이자의 지급청구권은 「공탁금 원금 지급일」로부터 기산한다.

(6) 지급 인가된 청구서에 의한 현금청구권 시효시효 여부

공탁금지급청구가 이유 있다 하여 지급 인가된 동 청구서에 의한 현금청구권도 소멸시효의 대상이 된다(인가한 날로부터 10년).

다. 공탁 소멸시효 진행의 중단사유 해당 여부 등

(1) 소멸시효 진행의 중단사유로 볼 수 있는 사유

(가) 시효기간 중에 공탁사실 증명서를 교부한 경우

(나) 공탁관이 공탁자 또는 피공탁자 등 정당한 권리자에 대하여 공탁사건의 완결 여부의 문의서를 발송한 경우

(다) 공탁금의 지급청구에 대해 첨부서면의 불비를 이유로 불수리한 경우

(라) 공탁관이 공탁자 또는 피공탁자에 대하여 당해 사건의 공탁금을 지급할 수 있다는 취지를 구두로 답한 경우

(마) 공탁의 확인을 목적으로 공탁관계서류를 열람시킨 경우

(바) 일괄 공탁한 공탁금의 일부에 대해 출급 또는 회수청구를 인가하였다면 나머지 잔액에 대하여도 시효가 중단된다.

(사) 불확지공탁을 하였다가 공탁물을 수령할 자를 지정하거나 공탁원인 사실을 정정하는 공탁서정정신청을 인가한 경우, 공탁금 회수청구권의 소멸시효는 중단된다.

(2) 소멸시효의 중단사유로 볼 수 없는 사유

(가) 변제공탁에 대해 피공탁자로부터 제출된 수락서를 공탁관이 받았다 해도 그것만으로 출급청구권의 시효가 중단되지 않는다.

(나) 공탁금지급청구권에 대한 압류, 가압류, 가처분은 피압류채권 즉 공탁금지급청구권의 시효중단사유가 되지 않는다.

(다) 피공탁자가 수인인 경우 그 1인에 대한 시효중단사유는 다른 출급청구권자의 시효진행에 영향을 미치지 않는다.

(라) 공탁금회수청구권에 대한 시효중단은 출급청구권의 시효진행에 영향을 미치지 않는다. 그 반대의 경우도 동일하다.

(마) 공탁관이 피공탁자의 요구에 대해 지급절차 등에 대해 일반적인 설명을 한 것만으로는 시효의 중단사유로 되지 않는다.

(3) 시효 중단시의 공탁소 처리

공탁금지급청구권에 대한 소멸시효 중단사유가 발생한 경우에는 공탁관은 공탁원표 비고란과 공탁기록 표지 비고란 등에 시효중단의 뜻과 그 연월일을 기재하고 날인하여야 한다.

라. 시효이익의 포기 간주

공탁금지급청구권에 대한 소멸시효가 완성된 후 공탁사실증명서의 교부청구가 있는 경우에는 그 증명서를 교부해서는 아니 되나, 착오로 이를 교부한 경우에는 시효이익을 포기한 것으로 처리한다.

마. 공탁금의 편의 시효처리절차 등

(1) 시효완성 여부가 불분명한 경우

변제공탁을 한 후 10년을 경과한 공탁금에 대하여 출급 또는 회수청구가 있을 경우 공탁서, 지급청구서 및 기타 첨부서류에 의하여 소멸시효의 완성 여부가 불분명한 경우에는 이를 인가하여도 무방하다.

(2) 편의적 국고귀속조치

공탁일로부터 15년이 경과된 미제 공탁사건의 공탁금은 편의적으로 소멸시효가 완성된 것으로 보아 공탁사무처리규칙 제55조의 규정에 따라 국고귀속조치를 취하되, 그 후 소멸시효가 완성되지 아니한 사실을 증명하여 공탁금지급청구를 한 경우에는 착오 국고귀속 공탁금의 반환절차에 따라 처리한다.

(3) 공탁유가증권상의 상환청구권이 시효소멸된 경우의 조치

(가) 공탁유가증권의 상환금청구권이 시효소멸된 경우에도 그 소유권에 기한 반환청구는 인정된다.

(나) 공탁유가증권의 상환금청구권이 시효소멸된 경우 공탁관은 그 시효완성을 이유로 유가증권 보관은행 등에 대하여 매년 1회 이상 시효소멸된 당해 유가증권의 회수청구를 할 수 있다.

(다) 보관은행 등으로부터 유가증권을 회수한 경우 공탁관은 공탁서부본 및 공탁기록 표지 비고란에 그 취지를 기재하고 그 사건은 기제로 처리하며, 당해 유가증권은 공탁기록에 편철하여 5년간 공탁기록과 같이 보관한다.

(라) 위 (다)의 절차를 마친 경우에도 폐기 전에는 당해 공탁유가증권의 소유권에 기한 반환청구는 인정된다.

바. 착오 국고귀속 공탁금의 반환절차 등

(1) 국고귀속 대상(시효소멸) 여부 조사 등

(가) 공탁관은 공탁금의 국고귀속조치를 취하기 전에 공탁금지급청구권의 시효소멸 여부 및 그 시기 등을 법원 기타 관공서에 조회를 통하여 조사하여야 한다(규칙 제53조).

(나) 소멸시효가 완성된 공탁금은 국고귀속조치를 하기 전이라도 이를 지급하여서는 아니된다(규칙 제54조).

(2) 착오로 국고귀속조치를 취한 경우 공탁금지급절차

공탁금지급청구권의 소멸시효가 완성되지 않았음에도 불구하고 공탁관이 착오로 공탁금의 국고귀속조치를 취한 경우에는 공탁관을 과오납부자로 보아 공탁사무처리규칙 제56조의2(국고금관리법시행령 제17조, 제18조, 제28조, 동 시행규칙 제

29조, 제30조)의 규정에 의하여 다음과 같이 처리한다.

(가) 착오로 귀속된 공탁금의 반환신청

공탁관은 착오로 국고귀속조치를 시킨 공탁금이 있음을 알거나 그 공탁금에 대한 소멸시효가 완성되지 아니한 사실을 증명하는 서면을 첨부한 공탁금지급신청이 있는 경우에는, 그러한 사실을 적시한 별지 제1호 서식의 「공탁금반환신청서」를 수입징수관에게 제출하여 착오로 국고 귀속된 공탁금의 반환신청을 하여야 한다.

(나) 수입징수관의 과오납금반환금 결정 및 통지 등

위 반환신청을 받은 수입징수관은 그 내용을 확인한 후 별지 제2호 서식의 「과오납금반환결의서」에 의해 착오로 국고 귀속된 금액을 과오납금반환금으로 결정하고, 별지 제3호 서식의 「과오납금반환결정통지서」에 의해 공탁관에게 이를 통지하며, 통지를 받은 공탁관은 별지 제4호 서식의 「과오납부자계좌번호통지서」를 수입징수관에게 송부하여 반환금의 계좌입금을 청구한다.

(다) 수입징수관의 한국은행 등에 대한 과오납금 반환금 지급요구

수입징수관은 공탁관으로부터 위 (나)의 반환금의 계좌입금 청구를 받는 즉시 별지 제5호 서식의 「과오납금반환금이체및반환통지서」 및 별지 제6호 서식의 「과오납금반환금입금의뢰서」를 한국은행 등에 송부하는 방법으로 과오납금의 반환금 지급을 요구하여야 한다.

(라) 공탁관의 출급

수입징수관이 한국은행 등으로부터 과오납금반환금계좌이체필통지서를 송부받은 경우에는 이를 공탁관에게 통지하고, 공탁관은 그 계좌입금된 반환금을 출급하여 공탁금 지급청구권자에게 지급한다.

(마) 공탁기록에의 편철과 기재

공탁관은 착오 국고귀속 공탁금의 반환절차와 관련된 모든 서류를 공탁기록에 편철하고, 그 처리 결과를 공탁기록 표지 비고란에 기재한다.

부 칙(2004.09.24 제560호) 이 예규는 2004. 10. 11.부터 시행한다.

4. **공탁금에 관한 소멸시효 중단사유 및 기산일**(행정예규 제86호)

[문] 징발재산정리에관한특조법 제13조 및 국가보위에관한특조법 제5조 제4항에 의한 특조령 제35조 규정에 의하여 매수(수용)대금을 공탁관에게 반대급부 조건을 붙여 변제공탁한 재산중 아래의 경우 공탁 소멸시효기산일

1. 71. 12. 24. 불확지 공탁하였다가 78. 9. 13. 공탁물 수령할 자를 지정하거나, 공탁원인사실(지적, 지목, 주소)의 정정공탁이 있은 후 82. 8.10. 소유권 변동등으로 이를 회수할 경우, 소멸시효가 완성되었는지 여부
2. 71. 6. 1. 공탁한 증권 100, 000원 중 10, 000원이 상환되여 71. 8. 1. 상환금 10, 000원은 대공탁하고 상환이자 500원을 부속공탁한 후 회수사유가 발생 하여

회수할 경우 상환금 및 상환이자(10,500원)는 10년이 경과되었으므로 국고 귀속 처리되어야 하는바, 시효 기산일을 71. 6.1.로 할 것인지 71. 8. 1. (대공탁 및 부속공탁일)로 할 것인지

[답] 1. 불확지 공탁을 하였다가 공탁물을 수령할 자를 지정하거나, 공탁원인 사실을 정정하여 공탁관이 이를 인가하였다면, 공탁금 회수청구권의 소멸시효는 중단되고, 공탁서 정정 인가일로부터 새로이 소멸시효 기간이 진행된다고 사료하며,

2. 공탁유가증권의 상환으로 인하여 그 상환금 및 상환이자가 대공탁 또는 부속공탁된 경우는 대공탁 및 부속공탁일(귀문의 경우는 71. 8.1.)이 공탁금 회수청구권의 소멸시효 기산일이 될 것입니다.

5. **공탁금지급청구권의 양도통지가 있는 경우 주요업무처리지침**(2008. 11. 17 행정예규 제779호)

가. 공탁수락의 의사표시로 볼 수 있는지 여부

변제공탁의 경우 공탁관에게 도달된 공탁금출급청구권의 양도통지서에 공탁수락의 의사표시가 명시적으로 기재되어 있지 않더라도 적극적인 불수락의 의사표시가 기재되어 있지 않는 한 그 양도통지서의 도달과 동시에 공탁수락의 의사표시가 있는 것으로 보아 공탁자의 민법 제489조 제1항에 의한 회수청구권은 소멸된다.

나. 양도통지서에 인감증명서가 첨부되지 않은 경우

(1) 양도인의 공탁금지급청구

공탁금지급청구권의 양도통지서에 날인된 양도인의 인영에 대하여 인감증명서가 첨부되지 아니한 경우라 하더라도 양도인은 공탁금의 지급청구를 할 수 없다.

(2) 양수인의 공탁금지급청구

(가) 공탁금지급청구권의 양도통지서에 날인된 양도인의 인영에 대하여 인감증명서가 첨부되지 아니한 경우, 양수인이 공탁금을 지급청구할 때에는 양도인의 인감증명서를 첨부하여야 한다.

(나) 양도증서를 공증받아 제출하는 경우에는 양도인의 인감증명서 제출 없이도 양수인은 공탁금 지급청구를 할 수 있다.

부 칙 이 예규는 2008. 11. 17.부터 시행한다.

[서식 5] 공탁금 포괄계좌 입금신청서

[제9-2호 양식]

공탁금 포괄계좌 입금 신청서

<table>
<tr><td>입 금 대 상
공 탁 금</td><td colspan="3">향후 신청인이 출급·회수청구자가 되는 귀 원의 공탁금 전부</td></tr>
<tr><td>입금계좌번호</td><td colspan="3">은행 지점 계좌번호 :
예 금 주 : 신청인 본인</td></tr>
<tr><td colspan="2">출 급 (회 수) 인</td><td rowspan="3">첨부서류</td><td rowspan="3">- 신청인 명의 예금통장 사본
- 실명확인증표 사본
(사업자등록증, 주민등록증 등)
- 대리신청 시 위임장, 인감증명서</td></tr>
<tr><td>성 명
(상호, 명칭)</td><td></td></tr>
<tr><td>주민등록번호
(사업자등록번호)</td><td></td></tr>
</table>

향후 신청인이 출급·회수청구자가 되는 모든 공탁사건에 대하여 동일계좌 입금을 신청하오니, 수령할 공탁금을 신청인의 비용부담으로 위 예금계좌에 입금하여 주시기 바랍니다.

년 월 일

신청인 주소
성명 (인) (전화번호)

대리인 주소
주민등록번호
성명 (인) (전화번호)

법원 지원 공탁관 귀하

고객정보 등록필 : OO은행 OO지점 (인)

[서식 6] 공탁금 포괄계좌입금 해지신청서

[제9-3호 양식]

공탁금 포괄계좌입금 해지 신청서

예금계좌은행	은행 지점
예금계좌번호	
예 금 주	신청인 본인

본인이 귀원에 신청한 위 계좌에 대한 공탁금 포괄계좌입금신청에 대하여 해지를 신청합니다.

년 월 일

신청인 주소
성명 (인) (전화번호)

대리인 주소
주민등록번호
성명 (인) (전화번호)

법원 지원 공탁관 귀하

고객정보 등록필 : OO은행 OO지점 (인)

[서식 7] 공탁금회수제한신고서

공탁금 회수 제한 신고서

사 건 : 20 년 금 제 호
공 탁 자 : 성 명 :
주민등록번호:
주 소 :
피공탁자 : 성 명 :

주민등록번호 :
주 소 :

귀원의 위 공탁사건에 관하여 공탁자는 피공탁자의 동의가 없으면 다음의 형사사건에 대하여 불기소결정(단, 기소유예는 제외)이 있거나 무죄판결이 확정될 때까지 공탁금에 대한 회수청구권을 행사하지 않기로 신고합니다.

형사사건의 표시
1. 사건번호 : (　　　)경찰서 20 년 제 　　호
(　　　)지방검찰청 (　　　)지청 20 년 형제 　　호
(　　　)지방법원 (　　　)지원 20 년 고단(합) 제 　　호
2. 사건명 :
3. 피의자(피고인) : 성명 :
주민등록번호 :

20 . . .

신고인(공탁자) 성명 : 　　(인)
주민등록번호:
대리인 성명 : 　　(인)
주민등록번호 :

(　　　)지방법원 (　　　)지원 공탁관 귀하

20 년 금 제 호 공탁사건에 관하여 20 년 월 일 접수된 서면임을 확인함
지방법원 　　지원 공탁관 　　(인)

※ **변제공탁자가 회수청구권의 행사에 조건을 붙이는 경우의 처리지침**(개정 2008. 11. 17. 행정예규 제777호)

1. 변제공탁자는 공탁신청과 동시에 또는 공탁을 한 후에 “피공탁자의 동의가 없으면 특정 형사사건에 대하여 불기소결정(단, 기소유예는 제외)이 있거나 무죄판결이 확정될 때까지 회수청구권을 행사하지 않겠다”는 뜻을 기재한 서면(공탁금회수제한신고서)을 제출할 수 있다.
2. 제1항의 서면이 제출된 경우에는 공탁자의 회수청구권에 관하여 압류통지서가 접수된 경우에 준하여 처리하고, 공탁금을 납입한 공탁자가 동 서면의 부본을 제출하여 요구하면 그 부본에 동 서면의 접수사실을 확인하고 기명날인하여 교부한다.

3. 제1항의 서면을 제출한 공탁자 또는 그 승계인이 공탁금의 회수를 청구하는 경우에는 동 서면에 기재된 회수청구의 조건이 구비되었음을 증명하는 서면을 첨부하여야 한다.

[서식 8] 공탁기록 열람·복사신청서

[제16-1호 양식]

공탁기록 열람·복사 신청서

<table>
<tr><td rowspan="5">신 청 인</td><td>성 명</td><td colspan="3"></td></tr>
<tr><td>자 격</td><td colspan="3"></td></tr>
<tr><td>주 소</td><td colspan="3"></td></tr>
<tr><td>주민등록번호</td><td colspan="3"></td></tr>
<tr><td>전 화 번 호</td><td colspan="3"></td></tr>
<tr><td>신청구분</td><td colspan="4">□ 열람 □ 복사</td></tr>
<tr><td rowspan="3">대상기록</td><td>법 원</td><td colspan="3"></td></tr>
<tr><td>공탁사건번호</td><td></td><td>공탁금액</td><td></td></tr>
<tr><td>공 탁 자</td><td></td><td>피공탁자</td><td></td></tr>
<tr><td>복사할 부분</td><td colspan="4">(복사매수 매)</td></tr>
<tr><td>신청 수수료</td><td>500원</td><td colspan="3" rowspan="2">(수입인지 첨부란)</td></tr>
<tr><td>복사비용</td><td>원
(매×50원)</td></tr>
<tr><td>비 고</td><td colspan="4"></td></tr>
<tr><td>영수일자</td><td colspan="2">년 월 일</td><td>영수인</td><td>인(서명)</td></tr>
<tr><td colspan="5">년 월 일

위 신청인 인(서명)</td></tr>
</table>

[서식 9] 공탁물품 출급·회수청구서

[제8-3호 양식]

공탁물품 출급·회수 청구서

<table>
<tr><td colspan="2">공 탁 번 호</td><td colspan="6">년 물 제 호</td></tr>
<tr><td rowspan="2">공
탁
자</td><td>성 명
(상호, 명칭)</td><td colspan="2"></td><td rowspan="2">피
공
탁
자</td><td>성 명
(상호, 명칭)</td><td colspan="2"></td></tr>
<tr><td>주민등록번호
(법인등록번호)</td><td colspan="2"></td><td>주민등록번호
(법인등록번호)</td><td colspan="2"></td></tr>
<tr><td rowspan="4">청구
내역</td><td colspan="2">명 칭</td><td colspan="2">종 류</td><td colspan="2">수 량</td><td>비 고</td></tr>
<tr><td colspan="2"></td><td colspan="2"></td><td colspan="2"></td><td></td></tr>
<tr><td colspan="2"></td><td colspan="2"></td><td colspan="2"></td><td></td></tr>
<tr><td colspan="2"></td><td colspan="2"></td><td colspan="2"></td><td></td></tr>
<tr><td colspan="2">청구 및 이의유보
사 유</td><td colspan="6"></td></tr>
<tr><td colspan="2">비고(첨부서류 등)</td><td colspan="6"></td></tr>
<tr><td colspan="8">위와 같이 청구합니다.

년 월 일

청구인 주소 대리인 주소
주민등록번호
(사업자등록번호) 성명 인(서명)
성명 인(서명)</td></tr>
<tr><td colspan="8">위 청구를 인가합니다.

년 월 일

법원 지원 공탁관 (인)</td></tr>
<tr><td colspan="8">위 공탁물품(공탁물품 출급·회수청구서 1통)을 수령하였습니다.</td></tr>
</table>

년 월 일

수령인(청구인 또는 대리인) 성명 (인)

※ 1. 본인이 직접 청구하는 경우 본인의 인감증명서와 인감도장, 신분증을 지참하여야 합니다.
2. 대리인이 청구하는 경우 대리인의 주소와 성명을 기재하고 날인 대신 서명할 수 있으며, 본인의 인감도장을 날인한 위임장과 인감증명서를 첨부합니다.

[서식 10] 공탁물품납입서

[제3호 양식]

공 탁 물 품 납 입 서

공탁물보관자 귀중

공 탁 번 호	접 수 일 자	취 급 자	검 인	계 인
년 물 제 호	년 월 일	㉤		
물 품 명 칭	종 류	수 량	비 고	

위 공탁물품을 납입합니다.

년 월 일

법원 지원 공탁관 (인)

[서식 11] 공탁물납입통지서

[제4호 양식]

공탁물품납입통지서

<table>
<tr><td colspan="6">법원 지원 공탁관 귀하</td></tr>
<tr><td>물품의 명칭</td><td>종 류</td><td>수 량</td><td>납입 연월일</td><td colspan="2">공탁번호 : 년 물 제 호</td></tr>
<tr><td></td><td></td><td></td><td></td><td rowspan="3">공
탁
자</td><td>성명
(상호, 명칭)</td></tr>
<tr><td></td><td></td><td></td><td></td><td>주민등록번호
(법인등록번호)</td></tr>
<tr><td></td><td></td><td></td><td></td><td>주소
(본점, 주사무소)</td></tr>
<tr><td></td><td></td><td></td><td></td><td rowspan="3">대
리
인</td><td>성명
(상호, 명칭)</td></tr>
<tr><td></td><td></td><td></td><td></td><td>주민등록번호
(법인등록번호)</td></tr>
<tr><td></td><td></td><td></td><td></td><td>주소
(본점, 주사무소)</td></tr>
<tr><td colspan="6">위 공탁물품이 납입되었음을 알려드립니다.

년 월 일

공탁물보관자 (인)</td></tr>
</table>

[서식 12] 공탁물지급결과통지서

[제13호 양식]

공탁물품지급결과통지서

법원 지원 공탁관 귀하

공탁번호 :

공탁자 성명(상호, 명칭) :
주소(본점, 주사무소) :
주민등록번호(법인등록번호) :

수령인(청구인 또는 대리인) 성명(상호, 명칭) :
주소(본점, 주사무소) :
주민등록번호(사업자등록번호) :

공탁물품 :

위 공탁물품을 위 수령인에게 지급하였기에 그 결과를 통지합니다.

년 월 일

공탁물보관자 (인)

[서식 13] 공탁사실통지서

O O 법 원
공 탁 사 실 통 지 서

(가)압류채권자 O O O 귀하

사 건 :

채 권 자 :

채 무 자 :

제3 채무자 :

위 (가)압류사건의 피(가)압류채권이 아래와 같이 공탁되었음을 통지합니다.

아 래

공탁사건번호 :
금 액 :
공 탁 자 :
피 공 탁 자 :
공 탁 일 자 :

20 년 월 일

OO법원

공 탁 관 (인)

[서식 14] 공탁서정정신청서

[제5호 양식]

공탁서 정정신청서

<table>
<tr><td rowspan="3">공탁사건</td><td>공탁번호</td><td></td><td>공탁종류</td><td></td></tr>
<tr><td>공 탁 자</td><td></td><td>피공탁자</td><td></td></tr>
<tr><td>공탁 목적물</td><td></td><td>공탁수리연월일</td><td></td></tr>
<tr><td>정정할 사항</td><td colspan="4"></td></tr>
<tr><td colspan="2">비고(첨부서류 등)</td><td colspan="3"></td></tr>
<tr><td colspan="5">위와 같이 공탁서 정정신청을 합니다.

년 월 일

신청인 성명 인(서명) 대리인 주소
성명 인(서명)</td></tr>
<tr><td colspan="5">위 정정신청을 수리합니다.

년 월 일

법원 지원 공탁관 (인)</td></tr>
</table>

※ 1. 도장을 날인하거나 서명을 하되, 대리인이 공탁할 때에는 대리인의 주소, 성명을 기재하고 대리인의 도장을 날인(서명)하여야 합니다.

2. 정정할 사항의 기재례 : 공탁서 기재사항 중 OOO란 “△△△”을 “□ □ □”로 정정

3. 공탁서에 기재한 금전에 관한 숫자는 정정, 가입 또는 삭제할 수 없으나, 공탁원인사실에

기재된 금전에 관한 숫자는 정정 등을 할 수 있으며, 공탁서의 기재사항에 관하여 정정 등을 한 경우에는 두 줄을 치고 그 상부 또는 하부에 정서를 하고 그 자수를 난 외에 기재하여 날인하며 정정, 삭제한 문자는 읽을 수 있도록 남겨 두어야 한다.

4. 공탁서에 기재사항의 전부를 기재할 수 없을 때(당사자가 여러 명인 경우, 공탁원인사실란에 기재할 내용이 많은 경우)에는 공탁서와 같은 크기의 계속용지를 사용할 수 있으며, 이때에는 해당란에 '별지와 같음'이라고 표시하여 계속용지가 있다는 취지를 기재한다. 따라서 공탁서가 여러 장이 된 경우에는 작성자는 매장마다 간인을 하여야 하며, 작성자가 여러 명인 때에는 그 중 한 사람이 간인을 하면 된다
5. 공탁이 수리된 후에 공탁서의 착오기재를 발견한 공탁자는 공탁의 동일성을 해하지 아니하는 범위 내에서 공탁서의 정정을 신청할 수 있다. 예컨대 ① 공탁수리 전부터 존재한 것으로서 공탁수리 후에 발견된 명백한 착오기재 일 것 ② 본래 공탁에 의하여 형성된 실체관계(공탁의 동일성)에 변동이 생기지 아니하는 범위 내의 정정일 것 ③ 정정금지사항(예 : 공탁금액란 정정)이 아닐 것 ④ 공탁자의 적법한 정정신청에 있을 것

[서식 15] 공탁유가증권 이표청구서

[제14-2호 양식]

공탁유가증권 이표 청구서

공탁번호	명 칭	장수	총 액면금	액면금 기호, 번호	청구이표	지급기일	장수

위와 같이 이표의 지급을 청구합니다.

년 월 일

청구인 주소
주민등록번호
(사업자등록번호)
성명 인(서명)

대리인 주소
전화번호
성명 인(서명)

위 청구를 인가합니다.

년 월 일

법원 지원 공탁관 (인)

공탁유가증권 이표 장 (총액)

위 공탁유가증권 이표(공탁유가증권 이표청구서 1통)를 수령하였습니다.

년 월 일

수령인(청구인 또는 대리인) 성명 (인)

※ 1. 본인이 신분증을 지참하고 청구하는 이표의 총 액면금액이 1,000만원 이하인 경우에는 날인 대신 서명할 수 있습니다.
2. 대리인이 청구하는 경우에는 대리인의 주소와 성명을 적고 날인(서명)하여야 하며, 이때에는 본인의 인감도장을 날인한 위임장과 그 인감증명서를 첨부하여야 합니다.

[서식 16] 공탁유가증권 출급·회수청구서

[제8-2호 양식]

공탁유가증권 출급·회수 청구서

공탁번호		년증제 호				
공탁자	성 명 (상호, 명칭)		피공탁자	성 명 (상호, 명칭)		
	주민등록번호 (법인등록번호)			주민등록번호 (법인등록번호)		
청구내역	명 칭	장 수	총 액면금	액면금, 기호, 번호	비 고	
보관은행		은행 지점				

<table>
<tr><td>청구 및 이의유보
사 유</td><td></td></tr>
<tr><td>비고(첨부서류 등)</td><td></td></tr>
<tr><td colspan="2">위와 같이 청구합니다.

년 월 일

청구인 주소 대리인 주소
주민등록번호
(사업자등록번호) 성명 인(서명)
성명 인(서명)</td></tr>
<tr><td colspan="2">위 청구를 인가합니다.

년 월 일

법원 지원 공탁관 (인)</td></tr>
<tr><td colspan="2">위 유가증권과 그 이표(공탁유가증권출급·회수청구서 1통)를 수령하였습니다.

년 월 일

수령인(청구인 또는 대리인) 성명 (인)</td></tr>
</table>

※ 1. 본인이 신분증을 지참하고 총 액면금액이 1000만원 이하인 공탁유가증권을 직접 청구할 때에는 날인 대신 서명할 수 있습니다.

2. 대리인이 청구하는 경우에는 대리인의 주소와 성명을 적고 날인(서명)하여야 하며, 이때에는 본인의 인감도장을 날인한 위임장과 그 인감증명서를 첨부하여야 합니다.

[별 지]

공탁금(유가증권) 출급청구 안내문

귀하가 피공탁자로 지정된 공탁금이 납입되어 있으므로 공탁금을 지급받고자 할 경우에는 아래 표를 참조하여 구비서류를 지참하시고 우리 법원 공탁소를 방문하여 공탁금 출급청구를 하시기 바랍니다.

<table>
<tr><th colspan="3" rowspan="2">구 분</th><th colspan="4">공탁금 출급청구권자</th></tr>
<tr><th>개 인</th><th>법 인</th><th>법인 아닌
사단·재단</th><th>관공서</th></tr>
<tr><td rowspan="10">공
탁
금
액</td><td rowspan="3">5천만원 초과</td><td>공탁통지서</td><td>O</td><td>O</td><td>O</td><td>O</td></tr>
<tr><td>인감증명서와
인감도장</td><td>O</td><td>O</td><td>O</td><td>×</td></tr>
<tr><td>신분증</td><td>O</td><td>O</td><td>O</td><td>O</td></tr>
<tr><td rowspan="3">5천만원 이하
~
1천만원 초과</td><td>공탁통지서</td><td>×</td><td>×</td><td>O</td><td>O</td></tr>
<tr><td>인감증명서와
인감도장</td><td>O</td><td>O</td><td>O</td><td>×</td></tr>
<tr><td>신분증</td><td>O</td><td>O</td><td>O</td><td>O</td></tr>
<tr><td rowspan="4">1천만원 이하</td><td>공탁통지서</td><td>×</td><td>×</td><td>×</td><td>×</td></tr>
<tr><td>인감증명서와
인감도장</td><td>×</td><td>×</td><td>×</td><td>×</td></tr>
<tr><td>신분증</td><td>O</td><td>O</td><td>O</td><td>O</td></tr>
<tr><td colspan="5">※ 1천만원 이하의 금액을 본인이 직접 출급청구하는 경우와 법인의 대리인이 청구하는 경우에는 관할공탁소 뿐만 아니라 가까운 공탁소에서도 공탁금을 찾을 수 있습니다(대법원 행정예규 제887호 참조).</td></tr>
</table>

※ 유가증권인 경우에는 그 액면금을 기준으로 보시면 됩니다.

1. 법인등기사항증명서, 가족관계증명서, 주민등록표 등·초본, 인감증명서(법인의 경우 사용인감계는 허용 안 됨) 등 관공서 발급서면은 발급일로부터 3개월 이내의 것을 가져 오시기 바라며, 신분증에는 주민등록증, 운전면허증, 여권 등이 포함됩니다.
2. 대리인이 올 경우에는 위임장(본인의 인감도장이 찍힌 것), 본인의 인감증명서, 대리인의 신분증을 지참하여야 합니다(단, 미성년자의 법정대리인이 출급청구를 하는 경우에는 미성년자의 가족관계증명서 및 기본증명서를 첨부하여야 하고, 친권은 공동행사가 원칙이므로 부모 중 한명이 오실 경우에는, 배우자의 위임장·인감증명서 또는 배우자가 친권을 행사할 수 없다는 증명서를 추가로 가져오셔야 합니다).
3. 법인의 경우에는 위의 첨부서류 외에 법인등기사항증명서를 지참하여야 합니다.
4. 피공탁자 여러명을 상대로 상대적 불확지공탁을 한 경우에는 다른 피공탁자의 동의서(인감증명서 첨부)나 확정판결서 등의 출급권한을 증명하는 서면이 있어야 출급이 가능합니다.

5. 법인 아닌 사단이나 재단(종중이나 교회 등)이 출급청구를 하는 경우에는 위의 첨부서류 외에 정관 또는 규약과 대표자임을 증명하는 서면을 첨부하여야 합니다. 특히, 대표자임을 증명하는 서면(대표자선임결의서 등)에는 2인 이상의 성년이 사실과 같다는 뜻을 적고 자필서명한 다음 각자의 신분증 사본을 첨부하여야 합니다.
6. 공탁통지서 상의 주소와 인감증명서 또는 신분증상의 주소가 다른 경우에는 주소를 소명하는 서면(주소변동사항이 기재된 주민등록표 초본 등)을 첨부하여야 합니다.
7. 공탁금 출급청구서 양식은 법원공탁소에 비치되어 있으며, 대법원 홈페이지(www.scourt.go.kr) 「전자민원센터」-「양식모음」에서 다운로드받아 사용할 수도 있습니다.

[서식 17] 금전공탁서(가압류해방)

[제1-3호 양식]

금 전 공 탁 서(가압류해방)

<table>
<tr><td>공 탁 번 호</td><td colspan="2">년 금 제 호</td><td colspan="2">년 월 일 신청</td><td>법령조항</td><td>민사집행법 제282조</td></tr>
<tr><td rowspan="4">공 탁 자
(가압류 채무자)</td><td>성 명
(상호, 명칭)</td><td colspan="5"></td></tr>
<tr><td>주민등록번호
(법인등록번호)</td><td colspan="5"></td></tr>
<tr><td>주 소
(본점, 주사무소)</td><td colspan="5"></td></tr>
<tr><td>전화번호</td><td colspan="5"></td></tr>
<tr><td rowspan="2">공 탁 금 액</td><td colspan="2">한글</td><td colspan="2" rowspan="2">보 관 은 행</td><td colspan="2" rowspan="2">은행 지점</td></tr>
<tr><td colspan="2">숫자</td></tr>
<tr><td rowspan="2">법원의 명칭과
사 건</td><td colspan="6">법원 사건</td></tr>
<tr><td>당 사 자</td><td>채 권 자</td><td colspan="2"></td><td>채 무 자</td><td></td></tr>
<tr><td>공탁원인사실</td><td colspan="6">위 사건의 가압류 집행 취소를 위한 해방공탁</td></tr>
<tr><td>비고(첨부서류 등)</td><td colspan="6">1. 가압류 결정문 사본
2. ☐ 계좌납입신청</td></tr>
<tr><td colspan="7">위와 같이 신청합니다. 대리인 주소
전화번호
공탁자 성명 인(서명) 성명 인(서명)</td></tr>
</table>

<table>
<tr><td>위 공탁을 수리합니다.
공탁금을 년 월 일까지 위 보관은행의 공탁관 계좌에 납입하시기 바랍니다.
위 납입기일까지 공탁금을 납입하지 않을 때는 이 공탁 수리결정의 효력이 상실됩니다.

년 월 일

법원 지원 공탁관 (인)</td></tr>
<tr><td>(영수증) 위 공탁금이 납입되었음을 증명합니다.

년 월 일

공탁금 보관은행(공탁관) (인)</td></tr>
</table>

※ 1. 도장을 날인하거나 서명을 하되, 대리인이 공탁할 때에는 대리인의 주소, 성명을 기재하고 대리인의 도장을 날인(서명)하여야 합니다.
2. 공탁금 회수청구권은 소멸시효완성으로 국고에 귀속될 수 있으며, 공탁서는 재발급 되지 않으므로 잘 보관하시기 바랍니다.
3. 공탁원인사실 기재례
채권자 홍길동과 채무자간 OO지방법원 2011타경 1234호 부동산가압류신청사건의 가압류결정에 정해져 있는 가압류해방금의 공탁

[주] 공탁서 작성시 일반적 주의사항

1. 공탁자는 굵은선 안 부분만을 기재하시기 바랍니다.
2. 공탁서는 연필과 같이 지워지는 필기구를 사용해서 작성해서는 안됩니다.
3. 공탁서에 기재하는 문자는 자획을 명확히 하여야 합니다.
4. 금전 기타의 물건의 수량, 년 월 일 등을 기재하는 경우는 아라비아 숫자를 사용하여야 합니다.
5. 금전에 관한 숫자는 정정, 가입, 또는 삭제 할 수 없습니다. 그 이외의 사항을 정정할 경우에는 그 문자에 두줄을 치고 그 상부 또는 하부에 정서하고 그 자수를 난외에 기재하여 날인하며 정정, 삭제한 문자를 읽을 수 있도록 남겨 두어야 합니다.
6. 공탁서의 어느 난에 기재할 내용이 너무 많아서 그 난이 부족한 경우에는 그 난에는 "별지와 같음"이라 기재하고 공탁서와 같은 크기의 용지에 그 사항을 기재하시기 바랍니다.
7. 공탁관에게 제출하는 서류가 두 장 이상으로 계속되는 경우에는 작성자가 매장마다 간인을 찍어야 하며, 당해 서류의 작성자가 여러 사람인 때에는 그 중 한사람만 간인하여도 됩니다.

[서식 18] 금전공탁서(변제 등)

[제1-1호 양식]

금 전 공 탁 서(변제 등)

<table>
<tr><td colspan="2">공 탁 번 호</td><td>년 금 제 호</td><td colspan="2">년 월 일 신청</td><td>법령조항</td><td></td></tr>
<tr><td rowspan="4">공
탁
자</td><td>성 명
(상호, 명칭)</td><td></td><td rowspan="4">피
공
탁
자</td><td>성 명
(상호, 명칭)</td><td colspan="3"></td></tr>
<tr><td>주민등록번호
(법인등록번호)</td><td></td><td>주민등록번호
(법인등록번호)</td><td colspan="3"></td></tr>
<tr><td>주 소
(본점, 주사무소)</td><td></td><td>주 소
(본점, 주사무소)</td><td colspan="3"></td></tr>
<tr><td>전화번호</td><td></td><td>전화번호</td><td colspan="3"></td></tr>
<tr><td colspan="2" rowspan="2">공 탁 금 액</td><td>한글</td><td colspan="2" rowspan="2">보 관 은 행</td><td colspan="3" rowspan="2">은행 지점</td></tr>
<tr><td>숫자</td></tr>
<tr><td colspan="2">공탁원인사실</td><td colspan="6"></td></tr>
<tr><td colspan="2">비고(첨부서류 등)</td><td colspan="6">☐ 계좌납입신청</td></tr>
<tr><td colspan="3">1. 공탁으로 인하여 소멸하는 질권, 전세권 또는 저당권
2. 반대급부 내용</td><td colspan="5"></td></tr>
<tr><td colspan="8">위와 같이 신청합니다. 대리인 주소
전화번호
공탁자 성명 인(서명) 성명 인(서명)</td></tr>
<tr><td colspan="8">위 공탁을 수리합니다.
공탁금을 년 월 일까지 위 보관은행의 공탁관 계좌에 납입하시기 바랍니다.
위 납입기일까지 공탁금을 납입하지 않을 때는 이 공탁 수리결정의 효력이 상실됩니다.
년 월 일
법원 지원 공탁관 (인)</td></tr>
<tr><td colspan="8">(영수증) 위 공탁금이 납입되었음을 증명합니다.
년 월 일
공탁금 보관은행(공탁관) (인)</td></tr>
</table>

※ 1. 도장을 날인하거나 서명을 하되, 대리인이 공탁할 때에는 대리인의 주소, 성명을 기재하고 대리인의 도장을 날인(서명)하여야 합니다.

2. 공탁당사자가 국가 또는 지방자치단체인 경우에는 법인등록번호란에 '사업자등록번호'를 기재하시기 바랍니다.

3. 공탁금 회수청구권은 소멸시효완성으로 국고에 귀속될 수 있으며, 공탁서는 재발급 되지 않으므로 잘 보관하시기 바랍니다.

4. 공탁원인사실 기재례

가. 공탁자는 피공탁자로부터 2011. 9. 1. 서울시 OO구 OO동 123 대 60㎡를 대금 1억원에 매수하는 매매계약을 체결하고 계약금 1,000만원, 2011. 4. 5. 중도금 4,000만원을 각 지급하였다. 잔대금 5,000만원은 2011. 5. 5. 위 부동산의 소유권이전등기절차이행에 필요한 일체의 서류 교부와 동시에 피공탁자의 주소지에서 지급하기로 하여 그날 위 장소에서 위 금원을 현실제공하였으나 대금의 증액을 요구하며 수령을 거부하므로 공탁함.

나. 공탁자와 피공탁자는 2011. 7. 15. 서울시 OO구 OO동 12(OO동) 소재 1층 주택 98㎡에 대하여 매매대금 250,000,000원에 매매계약을 체결한 후 공탁자는 피공탁자에게 계약내용에 따라 계약금 및 중도금 150,000,000원을 지급한 후 잔금지급기일인 2011. 8. 20.에 나머지 잔대금 100,000,000원을 현실제공하였으나 피공탁자가 그 수령을 거부하므로 위 잔대금 100,000,000원을 공탁함.

다. 공탁자는 피공탁자로부터 2011. 8. 20. 서울시 OO구 OO동 123 대 120㎡를 대금 3억원, 지급기일 2011. 9. 20. 지급장소 피공탁자의 주소지로 정하여 부동산매매계약을 체결하였는바, 공탁자는 위 부동산매매계약에 따라 지급기일에 채무이행지인 피공탁자의 주소지에서 매매대금 3억원을 현실제공하였으나 그 수령을 거부하므로 공탁함.

라. 공탁자는 2011. 7. 20.에 액면금 50,000,000원, 지급지 및 발행지 각 서울특별시, 지급기일 2011. 9. 10.로 된 약속어음 1매를 발행하여 피공탁자에게 교부하였으나, 피공탁자가 위 지급제시일 및 그 거래일 내에 그 지급제시가 없어 이를 공탁함.

마. 공탁자가 피공탁자 소유의 서울시 OO구 OO동 23(OO동) 소재 점포 67㎡에 대한 월 임료 1,500,000원을 약정기본인 매월 말일에 현실제공하여 왔었으나 피공탁자가 그 수령을 거부하므로 2011년 8. 9.월분 임료를 공탁함.

바. 공탁자는 2011. 7. 10.에 피공탁자로부터 금 30,000,000원을 변제기일 약정 없이 매월 10.에 이자 2%를 지급 조건으로 차용하면서 위 채권에 대한 담보로 공탁자 소유의 서울 OO구 OO동 34(OO동) 소재 주택 1동 87㎡에 대하여 채권최고액 금 38,000,000원으로 서울북부지방법원 동대문등기소 2011. 7. 9.자 접수 제234호로 근저당권설정등기를 마쳤던 것인 바, 금번 공탁자가 피공탁자에게 위 차용금 원금 30,000,000원과 이에 대하여 2011. 9. 10.자 지급분이자 금 600,000원을 같은 날 피공탁자에게 현실제공 하였으나 피공탁자가 그 수령을 거부하므로 이에 공탁함.

사. 공탁자는 2011. 9. 10. 차량을 운전하다가 서울 동작구 대방동 100번지 앞 도로에서

보행자인 피공탁자를 충격하여 피공탁자에게 요추염좌등으로 전치 4주간의 상해를 입히게 되었는바, 공탁자는 피공탁자에 대한 손해배상의 합의로 같은 해 9. 15.에 피공탁자에게 상당하다고 생각되는 손해배상금 10,000,000원을 현실제공하였으나 그 수령을 거부하므로 공탁함.

아. 공탁자는 2011. 8. 12. 15:40경 서울시 OO구 OO동 소재의 홍길동 운영의 중고가전 가게에다 김갑동이 습득하여 갖다놓은 금 600만원의 자기앞수표를 이몽룡이 타인에게 주고 현금 500만원으로 바꿔온 금전 중 금 200원을 취득한 바 있어, 동 금액의 피해자인 피공탁자에게 배상하고자 현실 제공하려 하였으나 피해자가 이를 수령을 거부하므로 이에 공탁함.

자. 공탁자는 2011. 4. 10. 피공탁자 김갑동으로부터 금 50,000,000원을 매월 이자 금 800,000원 매월 말일 지급조건으로 변제기일 약정없이 차용하여 매달 이자 지급을 하여 오던 중 같은 해 8. 20.에 피공탁자 홍길동이 공탁자에게 위 대여금 및 이자채권을 피공탁자 김갑동으로부터 양도 받았다고 주장하면서 위 김갑동 명의로 작성된 양도계약서를 제시하며 위 대여원금 및 이자금을 자신에게 지급하여 줄 것을 요청하여 공탁자가 위 김갑동에게 사실 여부에 대한 서면 작성요청을 하였으나 구두로만 이를 시인하고 차일피일하면서 서면 작성을 기피하고 있는 바, 공탁자로서는 위 김갑동으로부터 채권양도통지를 받은바 없어 위 대여채권 및 이자금에 대한 실제 채권자가 누구인지 알 수가 없고 위 채권귀속에 따른 분쟁의 소지가 있어 위 차용원금 50,000,000원과 이에 대한 2011. 8월분 이자금 800,000원을 공탁함.

차. 공탁자는 피공탁자에 대하여 금 20,000,000원의 물품대금 채무를 지고 있는 바, 공탁자는 2011. 8. 10.에 피공탁자의 채권자인 공탁외 (주) 동강산업으로부터 위 회사가 피공탁자에 대하여 가지고 있는 금 30,000,000원의 물품대금 채권 중 그 일부금인 금 20,000,000원의 채권에 대한 질권설정통지를 받았으나, 공탁자의 피공탁자에 대한 위 물품대금의 변제기는 2011. 8. 15.이고, 피공탁자의 위 회사에 대한 물품대금의 변제기는 2011. 8. 20.이므로 이에 공탁함.

카. 공탁자는 제빙기를 발명하여 특허출원을 하였으나 피공탁자가 이미 특허출원을 한 바 있는 제빙기를 응용한 것이라는 이유로 특허출원 거부 되었던 바, 공탁자는 금번에 통상 실시하여 심판청구에 의거 동 허여 결정을 받아 피공탁자에게 그 대가로 금 30,000,000원을 제공하였으나 그 수령을 거부하므로 이에 공탁함.

타. 채권자 홍길동과 채무자간 OO지방법원 2011타경 1234호 부동산강제경매사건에 관하여 2011. 8. 10. 위 법원이 한 매각허가결정에 대하여 공탁자가 항고하고자 매각대금의 10분의 1 상당액인 1억원을 보증으로 공탁함.

[주] 공탁서 작성시 일반적 주의사항

1. 공탁자는 굵은선 안 부분만을 기재하시기 바랍니다.
2. 공탁서는 연필과 같이 지워지는 필기구를 사용해서 작성해서는 안됩니다.
3. 공탁서에 기재하는 문자는 자획을 명확히 하여야 합니다.

4. 금전 기타의 물건의 수량, 년 월 일 등을 기재하는 경우는 아라비아 숫자를 사용하여야 합니다.
5. 금전에 관한 숫자는 정정, 가입, 또는 삭제 할 수 없습니다. 그 이외의 사항을 정정할 경우에는 그 문자에 두줄을 치고 그 상부 또는 하부에 정서하고 그 자수를 난외에 기재하여 날인하며 정정, 삭제한 문자를 읽을 수 있도록 남겨 두어야 합니다.
6. 공탁서의 어느 난에 기재할 내용이 너무 많아서 그 난이 부족한 경우에는 그 난에는 "별지와 같음"이라 기재하고 공탁서와 같은 크기의 용지에 그 사항을 기재하시기 바랍니다.
7. 공탁관에게 제출하는 서류가 두 장 이상으로 계속되는 경우에는 작성자가 매장마다 간인을 찍어야 하며, 당해 서류의 작성자가 여러 사람인 때에는 그 중 한사람만 간인하여도 됩니다.

[주] 제3채무자의 권리공탁에 관한 업무처리절차(2003. 12. 17. 행정예규 제528호)

1. 목 적

이 예규는 금전채권에 대하여 압류 또는 가압류가 이루어진 경우에 제3채무자가 민사집행법 제248조 및 제291조에 의하여 압류 또는 가압류에 관련된 금전채권을 공탁하고 그 공탁금을 출급하는 업무처리에 관한 절차를 규정함을 목적으로 한다.

2. 금전채권의 일부에 대하여 압류가 있는 경우

가. 총 칙

(1) 제3채무자는 압류된 채권액 또는 압류와 관련된 금전채권액 전액을 공탁할 수 있고, 공탁을 한 후 즉시 공탁서를 첨부하여 그 내용을 서면으로 집행법원에 사유신고하여야 한다. 이 경우 공탁근거 법령조항은 민사집행법 제248조 제1항으로 한다.

(2) 제3채무자는 공탁신청시 압류결정문 사본을 첨부하여야 한다.

(3) 압류채권자는 집행법원의 지급위탁에 의하여 공탁금의 출급을 청구할 수 있다.

나. 제3채무자가 압류된 채권액에 대하여만 공탁한 경우 공탁서의 피공탁자란은 기재하지 아니한다.

(1) 삭제(2003.12.17 제528호)

(2) 삭제(2003.12.17 제528호)

다. 제3채무자가 압류와 관련된 금전채권액 전액을 공탁한 경우

(1) 제3채무자는 공탁서의 피공탁자란에 압류명령의 채무자를 기재하며, 공탁사무처리규칙 제22조에서 정한 공탁통지서 및 우표를 붙인 봉투를 첨부하여야 한다.

(2) 공탁관은 피공탁자(압류채무자)에게 위 (1)항의 공탁통지서를 발송하여야 한다.

(3) 공탁금 중에서 압류의 효력이 미치는 부분에 대하여는, 집행법원의 지급위탁에 의하여 공탁금의 출급을 청구할 수 있다.

(4) 공탁금 중에서 압류의 효력이 미치지 않는 부분에 대하여는, 변제공탁의 예에 따라 피공탁자(압류채무자)가 출급을 청구할 수 있으며, 공탁자도 회수청구할 수 있다.

(5) 제3채무자가 압류의 효력이 미치지 않는 부분에 대하여 회수청구를 할 경우에는,

집행법원으로부터 공탁서를 보관하고 있다는 사실을 증명하는 서면을 교부받아 이를 공탁금회수청구서에 첨부하여야 한다.

라. 둘 이상의 채권압류(가압류를 포함한다)가 있고 압류된 채권액의 합계액이 압류와 관련된 금전채권액보다 적은 경우

제3채무자는 압류·가압류된 채권액의 합계액 또는 압류·가압류와 관련된 금전채권 전액을 위 나. 및 다.항의 예에 따라 공탁할 수 있으며, 이 때에 사유신고는 먼저 송달된 압류명령의 발령법원에 하여야 한다.

3. 금전채권의 전부에 대하여 압류가 있거나 압류의 경합이 있는 경우

가. 제3채무자는 압류된 채권 전액에 대하여 공탁할 수 있다.

나. 공탁 및 공탁금의 출급에 관한 절차는 위 2. 의 가. 및 나. 항의 예에 따르되, 압류의 경합을 원인으로 한 공탁의 경우에는 먼저 송달된 압류명령의 발령법원에 사유신고 하여야 한다.

4. 금전채권의 일부 또는 전부에 대하여 가압류가 있는 경우

가. 총 칙

(1) 제3채무자는 가압류된 채권액 또는 가압류와 관련된 금전채권액 전액을 공탁할 수 있고, 공탁을 한 후 즉시 공탁서를 첨부하여 그 내용을 서면으로 가압류발령법원에 신고하여야 한다.

(2) 위의 경우 공탁서의 피공탁자란에는 가압류채무자를 기재하고, 공탁근거 법령조항은 민사집행법 제291조 및 제248조 제1항으로 한다.

(3) 제3채무자는 공탁신청시 가압류결정문 사본과 공탁사무처리규칙 제22조에서 정한 공탁통지서를 첨부하여야 하며, 위 공탁통지서의 발송과 아래 (4)항에서 정하는 공탁사실 통지를 위하여 필요한 우표를 납부하여야 한다.

(4) 공탁을 수리한 공탁관은 원표에 가압류 사실을 기재하고 공탁금출급청구권에 대한 가압류가 있는 경우에 준하여 처리하여야 하며(민사집행법 제297조), 피공탁자(가압류채무자)에게 공탁통지서를 발송하고, 가압류채권자에게는 별지 양식에 의하여 공탁사실을 통지하여야 한다.

(5) 가압류채권자가 가압류를 본압류로 이전하는 압류명령을 받은 경우에는, 집행법원의 지급위탁에 의하여 공탁금의 출급을 청구할 수 있다.

나. 제3채무자가 가압류된 채권액에 대하여만 공탁한 경우

피공탁자는 가압류가 실효되지 않는 한 공탁금의 출급을 청구할 수 없고, 가압류채권자는 가압류를 본압류로 이전하는 압류명령을 얻은 후 집행법원의 지급위탁에 의하여 공탁금의 출급을 청구할 수 있다.

다. 제3채무자가 가압류에 관련된 금전채권 전액을 공탁한 경우

(1) 공탁금 중에서 가압류의 효력이 미치는 부분에 대하여는, 가압류채권자가 가압류를 본압류로 이전하는 압류명령을 얻은 후 집행법원의 지급위탁에 의하여 공탁금의 출급을 청구할 수 있다.

(2) 공탁금 중에서 가압류의 효력이 미치지 않는 부분에 대하여는, 변제공탁의 예에 따라 피공탁자(가압류채무자)가 출급을 청구할 수 있으며, 공탁자도 회수청구할 수 있다.

(3) 제3채무자가 가압류의 효력이 미치지 않는 부분에 대하여 회수청구를 할 경우에는 위 2.의다. (5)항의 예에 따른다.

라. 둘 이상의 가압류가 있는 경우

제3채무자는 가압류된 채권액의 합계액 또는 가압류와 관련된 금전채권액 전액을 위 나. 및 다.항의 예에 따라 공탁할 수 있으며, 이 때에 공탁자는 즉시 공탁서를 첨부하여 먼저 송달된 가압류명령의 발령법원에 그 내용을 서면으로 신고하여야 한다.

5. 제3채무자의 공탁 후 압류 또는 가압류가 실효된 경우

가. 압류가 실효된 경우

금전채권에 대한 압류를 이유로 제3채무자가 민사집행법 제248조 제1항에 의하여 공탁한 후에, 압류명령이 취소되거나 신청의 취하 등으로 인하여 압류가 실효된 경우, 채무자는 압류된 채권액에 대하여 집행법원의 지급위탁에 의하여 공탁금의 출급을 청구할 수 있다.

나. 가압류가 실효된 경우

금전채권에 대한 가압류를 이유로 제3채무자가 민사집행법 제291조 및 제248조 제1항에 의하여 공탁한 후에, 가압류명령이 취소되거나 신청의 취하 등으로 인하여 가압류가 실효된 경우, 가압류채무자(피공탁자)는 공탁통지서와 가압류가 실효되었음을 증명하는 서면을 첨부하여 공탁관에게 공탁금의 출급을 청구할 수 있다.

6. 공탁관이 제3채무자인 경우

가. 공탁물 출급·회수청구권에 대하여 압류 또는 가압류가 되었으나 압류의 경합이 성립하지 않는 경우, 공탁관은 민사집행법 제248조 제1항에 의한 공탁 및 사유신고를 하지 아니한다.

나. 금전채권에 대한 가압류를 원인으로 제3채무자가 민사집행법 제291조 및 제248조 제1항에 의하여 공탁한 후에, 피공탁자(가압류채무자)의 공탁금출급청구권에 대한 압류가 이루어져 압류의 경합이 성립하거나, 공탁사유인 가압류를 본압류로 이전하는 압류명령이 있는 경우에는, 공탁관은 즉시 먼저 송달된 압류명령의 발령법원에 그 사유를 신고하여야 한다.

부 칙(2003. 12. 17. 제528호) 이 예규는 2004. 1. 1.부터 시행한다.

[주] 토지수용보상금의 공탁에 관한 사무처리지침(2003. 11. 24. 행정예규 제526호)

1. 관할공탁소

가. 피보상자의 주소지 공탁소

(1) 피보상자가 특정된 경우에는 그의 주소지 관할공탁소에 공탁할 수 있다.

(2) 피보상자가 특정되지 아니한 수인인 상대적 불확지공탁의 경우에는 그 중 1인의 주소지 관할공탁소에 공탁할 수 있다.

나. 토지 소재지 관할공탁소

토지수용보상금 공탁은 어느 사유에 의한 경우든 수용대상이 된 토지 소재지의 공탁소에 공탁할 수 있다(공익사업을위한토지등의취득및보상에관한법률 제40조 제2항).

2. 공탁신청절차상 유의할 사항

가. 피수용자 불확지를 사유로 공탁하는 경우

(1) 절대적 불확지공탁의 인정

공탁자인 사업시행자가 과실 없이 수인 중 누가 보상금을 수령할 진정한 권리자인지 알 수 없는 「상대적 불확지공탁」과 피수용자가 누구인지를 처음부터 전혀 알 수 없는 「절대적 불확지공탁」이 모두 인정된다.

(2) 절대적 불확지공탁이 인정되는 경우

(가) 수용대상토지가 미등기이고 대장상 소유자란이 공란으로 되어 있어 소유자를 확정할 수 없는 경우 및 대장상 성명은 기재되어 있으나 주소의 기재(동·리의 기재만 있고 번지의 기재가 없는 경우도 해당됨)가 없는 경우 또는 주소는 기재되어 있으나 성명의 기재가 없는 경우(피공탁자: 피수용자 불명)

(나) 수용대상토지가 등기는 되어 있으나 등기부상 소유자를 특정할 수 없는 경우(피공탁자: 피수용자 불명)

(다) 피수용자가 사망하였으나 그 상속인 전부 또는 일부를 알 수 없는 경우(피공탁자 : 망OOO〈주소병기〉의 상속인, 망OOO의 상속인 주소ㅁㅁ의 ◇◇◇ 외 상속인)

(3) 상대적 불확지공탁이 인정되는 경우

(가) 수용대상토지에 대하여 소유권등기말소청구권을 피보전권리로 하는 처분금지 가처분등기가 경료되어 있는 경우(피공탁자 : 토지소유자 또는 가처분채권자)

(나) 수용대상토지에 대하여 예고등기가 경료되어 있는 경우(피공탁자 : 토지 소유자 또는 소 제기자)

(다) 수용대상토지에 대한 등기부가 2개 개설되어 있고 그 소유명의인이 각각 다른 경우(피공탁자: 소유명의인 갑 또는 을, 대법원 1992. 10. 13. 선고 92누3212 판결)

(라) 등기부상 공유지분의 합계가 1을 초과하거나 미달되어 피수용자들의 정당한 공유지분을 알 수 없는 경우(피공탁자: 공시된 공유자 전부)

(4) 상대적 불확지공탁을 할 수 없는 경우

(가) 수용대상토지에 대하여 담보물권·소유권이전등기청구권 보전을 위한 가처분등기 또는 가등기가 경료되어 있는 경우

(나) 수용대상토지에 대하여 가압류, 압류, 경매개시 등의 기입등기가 경료되어 있는 경우

(5) 삭제(2003.11.24. 행정예규 제526호)

나. 반대급부 이행조건부 공탁의 불인정

(1) 토지수용보상금의 지급과 수용으로 인한 소유권이전등기는 동시이행관계에 있는 것이 아니므로, 토지수용보상금의 공탁서에 소유권이전등기 서류의 교부를 반대급부로 기재한 공탁은 이를 수리할 수 없다.

(2) 수용대상토지에 대하여 제한물권이나 처분제한의 등기가 있는 경우, 그러한 등기의 말소를 반대급부로 기재한 공탁도 이를 수리할 수 없다.

다. 공탁서의 기재 시 유의할 사항

(1) 피보상자 불확지를 사유로 공탁하는 경우에는 그 불확지 사유를 공탁원인사실에 구체적으로 명시하여야 한다.

(2) 피공탁자가 아닌 관계인(공익사업을위한토지등의취득및보상에관한법률 제2조 제5호) 명의로 수용대상토지에 등기된 지상권, 전세권, 저당권, 지역권, 임차권 등은 "공탁으로 인하여 소멸하는 질권, 전세권, 저당권란"에 기재할 사항은 아니며, 그 권리자도 "피공탁자란"에 기재하여서는 안 된다.

3. 공탁금지급절차상 유의할 사항

가. 공탁금회수청구의 불인정

(1) 수용보상금의 공탁은 공익사업을위한토지등의취득및보상에관한법률 제42조에 의하여 간접적으로 강제되는 것으로서 자발적으로 이루어지는 것이 아니므로, 민법 제489조의 규정은 배제되어 어느 경우이든 사업시행자인 공탁자의 공탁금회수청구는 인정되지 않는다(대법원 1988. 4. 8. 선고 88마201 판결).

(2) 다만 착오공탁과 공탁사유의 소멸(예컨대 수용재결이 당연무효이거나 취소된 경우 등)을 원인으로 한 경우에는 공탁금회수청구는 인정된다.

나. 공탁금의 출급청구절차

(1) 피공탁자가 특정된 경우

(가) 피공탁자가 아닌 자로서 출급청구권을 갖는 경우와 그 증명서면

① 피공탁자로부터 출급청구권을 상속, 채권양도, 전부명령 기타 원인으로 승계 받은 자 - 그 사실을 증명하는 서면

② 수용시기 전에 수용대상토지의 소유권을 피공탁자로부터 승계받은 자 - 그 소유권승계사실을 증명하는 서면(등기부등본, 수용재결경정서, 형성판결문 등)

③ 수용대상토지에 대한 진정한 권리자(명의신탁자 포함)가 수용시기 전에 소유권등기를 회복한 경우 - 그 사실을 증명하는 서면

④ 사자를 피공탁자로 한 공탁의 경우 그 상속인 - 사자의 상속인임을 증명하는 서면

(나) 피공탁자가 아닌 자로서 출급청구권을 갖지 못하는 자

① 수용시기 이후 수용으로 인한 소유권이전등기를 하기 전에 소유권이전등

기를 경료한 매수인

② 매매 또는 명의신탁해지 등을 원인으로 소유권이전등기절차이행의 승소확정판결을 받았으나 수용시기 전에 그 등기를 경료하지 못한 자(비록 공탁이전에 가등기나 처분금지가처분등기를 경료한 경우도 동일함)

③ 공익사업을위한토지등의취득및보상에관한법률 제18조의 규정에 의하여 시·구·읍·면의 장으로부터 소유자확인서를 발급받은 자

④ 피공탁자를 상대로 공탁금출급청구권이 자기에게 있다는 확인판결을 받은 제3자

(2) 피공탁자가 특정되지 아니한 경우 - 채권자 불확지공탁의 경우

(가) 상대적 불확지공탁인 경우의 출급청구

① 피공탁자 사이에 권리의 귀속에 관하여 분쟁이 없는 경우에는 다른 피공탁자의 승낙서(인감증명서 첨부) 또는 협의성립서를 첨부하여 출급청구할 수 있다.

② 피공탁자 사이에 권리의 귀속에 관하여 분쟁이 있는 경우에는 피공탁자 사이에 어느 일방에게 출급청구권이 있음을 증명하는 내용의 판결(조정조서, 화해조서 포함)을 첨부하여 출급청구할 수 있다.

③ 피공탁자 전원이 공동으로 출급청구를 하는 경우에는 출급청구서 기재에 의하여 상호 승낙이 있는 것으로 볼 수 있으므로 별도의 서면을 제출하지 않아도 된다.

④ 공탁자의 승낙서나 공탁자 또는 국가를 상대로 한 판결 등은 출급청구권이 있음을 증명하는 서면으로 볼 수 없다.

(나) 절대적 불확지공탁인 경우의 출급청구

① 공탁자(사업시행자)가 후에 피공탁자를 알게 된 때에는 그를 피공탁자로 지정하는 공탁서정정신청을 하도록 하여 피공탁자가 직접 출급청구할 수 있다.

② 공탁자를 상대로 하여 공탁금에 대한 출급청구권이 자신에게 있다는 확인판결(조정, 화해조서 등)을 받은 경우에는 그 판결정본과 확정증명서를 첨부하여 직접 출급청구할 수 있다(대법원 1997. 10. 16. 선고 96다11747 전원합의체 판결).

(3) 공탁금 출급제한사유의 확인

(가) 사업시행자가 관할토지수용위원회가 재결한 보상금에 대하여 불복하면서 보상금을 받을 자에게 자기가 산정한 보상금을 지급하고 그 금액과 관할토지수용위원회가 재결한 보상금과의 차액을 공탁한 경우에, 보상금을 수령할 자는 그 불복 절차가 종결될 때까지 공탁금의 지급을 청구할 수 없다(공익사업을위한토지등의취득및보상에관한법률 제40조 제4항).

(나) 중앙토지수용위원회가 관할토지수용위원회의 재결에 대한 이의신청절차에서

보상금을 증액하였으나 사업시행자가 이에 불복하여 행정소송을 제기하면서 증액된 보상금을 공탁한 경우에, 보상금을 수령할 자는 행정소송이 종결될 때 까지 공탁금의 지급을 청구할 수 없다(공익사업을위한토지등의취득및보상에관한법률 제84조 제1항, 제85조 제1항).

4. 보상금지급청구권에 대하여 압류 또는 가압류가 있는 경우의 공탁절차

가. 공탁사유

(1) 일반채권에 기한 압류 또는 가압류, 담보권자의 물상대위권에 의한 압류, 처분금지 가처분이 있는 경우는 이 공탁사유에 해당한다.

(2) 국세체납처분에 의한 압류가 있는 경우는 이 공탁사유에 해당하지 않는다.

나. 공탁절차

(1) 보상금지급청구권에 대하여 압류 또는 가압류가 있는 경우의 공탁절차는 대법원 행정예규 제481호(제3채무자의 권리공탁에 관한 업무처리절차)에서 정한 절차에 준하여 처리한다.

(2) 이 경우에, 보상금지급청구권에 대하여 압류 또는 압류경합이 있는 때에는「공익사업을위한토지등의취득및보상에관한법률 제40조 제2항 제4호 및 민사집행법 제248조 제1항」을, 보상금지급청구권에 대하여 가압류가 있는 때에는「공익사업을위한토지등의취득및보상에관한법률 제40조 제2항 제4호, 민사집행법 제291조 및 제248조 제1항」을 각 공탁근거법령으로 한다.

(3) 민법 제489조에 의한 공탁금 회수청구는 인정하지 않는다.

5. 삭제(2006. 8. 14 제673호)

부 칙(2003. 11. 24 제526호) 이 예규는 2004. 1. 1.부터 시행한다.

[서식 19] 금전공탁서(영업보증)

[제1-4호 양식]

금 전 공 탁 서(영업보증)

<table>
<tr><td colspan="2">공 탁 번 호</td><td>년 금 제 호</td><td>년 월 일 신청</td><td>법령조항</td><td></td></tr>
<tr><td colspan="2" rowspan="2">공 탁 금 액</td><td>한글</td><td rowspan="2">보 관 은 행</td><td colspan="2" rowspan="2">은행 지점</td></tr>
<tr><td>숫자</td></tr>
<tr><td rowspan="2">공
탁
자</td><td>성 명
(상호, 명칭)</td><td colspan="4"></td></tr>
<tr><td>주민등록번호
(법인등록번호)</td><td colspan="4"></td></tr>
</table>

<table>
<tr><td rowspan="2"></td><td>주 소
(본점, 주사무소)</td><td></td></tr>
<tr><td>전화번호</td><td></td></tr>
<tr><td colspan="2">공탁원인사실</td><td></td></tr>
<tr><td colspan="2">관공서의 명칭,
건명(허가번호 등)</td><td></td></tr>
<tr><td colspan="2">비고(첨부서류 등)</td><td>□ 계좌납입신청</td></tr>
<tr><td colspan="3">위와 같이 신청합니다. 대리인 주소
전화번호
공탁자 성명 인(서명) 성명 인(서명)</td></tr>
<tr><td colspan="3">위 공탁을 수리합니다.
공탁금을 년 월 일까지 위 보관은행의 공탁관 계좌에 납입하시기 바랍니다.
위 납입기일까지 공탁금을 납입하지 않을 때는 이 공탁 수리결정의 효력이 상실됩니다.
년 월 일
법원 지원 공탁관 (인)</td></tr>
<tr><td colspan="3">(영수증) 위 공탁금이 납입되었음을 증명합니다.
년 월 일
공탁금 보관은행(공탁관) (인)</td></tr>
</table>

※ 1. 도장을 날인하거나 서명을 하되, 대리인이 공탁할 때에는 대리인의 주소, 성명을 기재하고 대리인의 도장을 날인(서명)하여야 합니다.
2. 공탁금 회수청구권은 소멸시효완성으로 국고에 귀속될 수 있으며, 공탁서는 재발급 되지 않으므로 잘 보관하시기 바랍니다.
3. 공탁원인사실 기재례
공탁자는 공탁번호 2011년증제123호로 상품권 발행 잔고에 대한 법정공탁금으로 금 50,000,000원 상당의 유가증권을 공탁하였으나 금번 동 공탁물을 금전으로 대체하기 위하여 영업보증금으로 금 50,000,000원을 공탁함.

[주] 공탁서 작성시 일반적 주의사항

1. 공탁자는 굵은선 안 부분만을 기재하시기 바랍니다.
2. 공탁서는 연필과 같이 지워지는 필기구를 사용해서 작성해서는 안됩니다.
3. 공탁서에 기재하는 문자는 자획을 명확히 하여야 합니다.

4. 금전 기타의 물건의 수량, 년월일 등을 기재하는 경우는 아라비아 숫자를 사용하여야 합니다.
5. 금전에 관한 숫자는 정정, 가입, 또는 삭제 할 수 없습니다. 그 이외의 사항을 정정할 경우에는 그 문자에 두줄을 치고 그 상부 또는 하부에 정서하고 그 자수를 난외에 기재하여 날인하며 정정, 삭제한 문자를 읽을 수 있도록 남겨 두어야 합니다.
6. 공탁서의 어느 난에 기재할 내용이 너무 많아서 그 난이 부족한 경우에는 그 난에는 "별지와 같음"이라 기재하고 공탁서와 같은 크기의 용지에 그 사항을 기재하시기 바랍니다.
7. 공탁관에게 제출하는 서류가 두 장 이상으로 계속되는 경우에는 작성자가 매장마다 간인을 찍어야 하며, 당해 서류의 작성자가 여러 사람인 때에는 그 중 한사람만 간인하여도 됩니다.

[서식 20] 금전공탁서(재판상의 보증)

[제1-2호 양식]

금 전 공 탁 서(재판상의 보증)

<table>
<tr><td colspan="2">공 탁 번 호</td><td colspan="2">년 금 제 호</td><td colspan="2">년 월 일 신청</td><td>법령조항</td><td></td></tr>
<tr><td rowspan="4">공
탁
자</td><td>성 명
(상호, 명칭)</td><td colspan="2"></td><td rowspan="4">피
공
탁
자</td><td>성 명
(상호, 명칭)</td><td colspan="2"></td></tr>
<tr><td>주민등록번호
(법인등록번호)</td><td colspan="2"></td><td>주민등록번호
(법인등록번호)</td><td colspan="2"></td></tr>
<tr><td>주 소
(본점,주사무소)</td><td colspan="2"></td><td>주 소
(본점, 주사무소)</td><td colspan="2"></td></tr>
<tr><td>전화번호</td><td colspan="2"></td><td>전화번호</td><td colspan="2"></td></tr>
<tr><td colspan="2" rowspan="2">공 탁 금 액</td><td colspan="2">한글</td><td colspan="2" rowspan="2">보 관 은 행</td><td colspan="2" rowspan="2"></td></tr>
<tr><td colspan="2">숫자</td></tr>
<tr><td colspan="2" rowspan="2">법원의 명칭과
사 건</td><td colspan="6">사건</td></tr>
<tr><td>당사자</td><td>원 고
신청인
채권자</td><td colspan="2"></td><td>피 고
피신청인
채무자</td><td></td></tr>
<tr><td>공탁
원인
사실</td><td colspan="7">1. 가압류보증 6. 강제집행 취소의 보증 11. 기타( )
2. 가처분보증 7. 강제집행 속행의 보증
3. 가압류 취소보증 8. 소송비용 담보
4. 가처분 취소보증 9. 가집행 담보
5. 강제집행정지의 보증 10. 가집행을 면하기 위한 담보</td></tr>
</table>

비고(첨부서류 등)	□ 계좌납입신청
위와 같이 신청합니다. 대리인 주소 전화번호 공탁자 성명 인(서명) 성명 인(서명)	
위 공탁을 수리합니다. 공탁금을 년 월 일까지 위 보관은행의 공탁관 계좌에 납입하시기 바랍니다. 위 납입기일까지 공탁금을 납입하지 않을 때는 이 공탁 수리결정의 효력이 상실됩니다. 년 월 일 법원 지원 공탁관 (인)	
(영수증) 위 공탁금이 납입되었음을 증명합니다. 년 월 일 공탁금 보관은행(공탁관) (인)	

※ 1. 도장을 날인하거나 서명을 하되, 대리인이 공탁할 때에는 대리인의 주소, 성명을 기재하고 대리인의 도장을 날인(서명)하여야 합니다.

2. 공탁당사자가 국가 또는 지방자치단체인 경우에는 법인등록번호란에 '사업자등록번호'를 기재하시기 바랍니다.

3. 공탁금 회수청구권은 소멸시효완성으로 국고에 귀속될 수 있으며, 공탁서는 재발급 되지 않으므로 잘 보관하시기 바랍니다.

4. 공탁원인사실 기재례
서울중앙지방법원 2011년증제126호 공탁유가증권 총액면금 50,000,000원에 대한 같은 법원 2011카 125호 공탁담보변경명령에 의하여 금전으로 대체 공탁함.

[서식 21] 금전공탁서(형사사건용)

[제1-9호 양식]

금 전 공 탁 서(형사사건용)

공 탁 번 호		년 금 제 호	년 월 일 신청		법령조항	민법487조
공탁자	성 명 (상호, 명칭)		피공탁자	성 명 (상호, 명칭)		
	주민등록번호			주민등록번호		

<table>
<tr><td rowspan="3"></td><td>(법인등록번호)</td><td></td><td rowspan="3"></td><td>(법인등록번호)</td><td></td></tr>
<tr><td>주 소
(본점,주사무소)</td><td></td><td>주 소
(본점, 주사무소)</td><td></td></tr>
<tr><td>전화번호</td><td></td><td>전화번호</td><td></td></tr>
<tr><td colspan="2" rowspan="2">공 탁 금 액</td><td>한글</td><td colspan="2" rowspan="2">보 관 은 행</td><td rowspan="2">은행 지점</td></tr>
<tr><td>숫자</td></tr>
<tr><td rowspan="2">형사사건</td><td>사건번호</td><td colspan="4">경찰서 년제 호
지방검찰청 지청 년 형제 호
지방법원 지원 년 고단(합) 제 호</td></tr>
<tr><td>사건명</td><td colspan="4"></td></tr>
<tr><td colspan="2">공탁원인사실</td><td colspan="4"></td></tr>
<tr><td colspan="2">비고(첨부서류등)</td><td colspan="4">☐ 계좌납입신청</td></tr>
<tr><td colspan="5">1. 공탁으로 인하여 소멸하는 질권, 전세권 또는 저당권
2. 반대급부 내용</td><td></td></tr>
<tr><td colspan="6">위와 같이 신청합니다. 대리인 주소
전화번호
공탁자 성명 인(서명) 성명 인(서명)</td></tr>
<tr><td>회 수 제 한
신고</td><td colspan="5">공탁자는 피공탁자의 동의가 없으면 위 형사사건에 대하여 불기소결정(단, 기소유예는 제외)이 있거나 무죄판결이 확정될 때까지 공탁금에 대한 회수청구권을 행사하지 않겠습니다.

공탁자 성명 인(서명) 대리인 성명 인(서명)
※ 회수제한신고란에 서명하지 않을 경우 "금전 공탁서(변제 등)" 양식을 사용하시기 바랍니다.</td></tr>
<tr><td colspan="6">위 공탁을 수리합니다.
공탁금을 년 월 일까지 위 보관은행의 공탁관 계좌에 납입하시기 바랍니다.
위 납입기일까지 공탁금을 납입하지 않을 때는 이 공탁 수리결정의 효력이 상실됩니다.

년 월 일

법원 지원 공탁관 (인)</td></tr>
<tr><td colspan="6">(영수증) 위 공탁금이 납입되었음을 증명합니다.

년 월 일</td></tr>
</table>

공탁금 보관은행(공탁관) (인)

※ 1. 도장을 날인하거나 서명을 하되, 대리인이 공탁할 때에는 대리인의 주소, 성명을 기재하고 대리인의 도장을 날인(서명)하여야 합니다.
2. 공탁금 납입 후 은행으로부터 받은 공탁서 원본을 형사사건이 최종 계류 중인 경찰서나 검찰청 또는 법원에 제출하시기 바랍니다.
3. 공탁금 회수청구권은 소멸시효완성으로 국고에 귀속될 수 있으며, 공탁서는 재발급 되지 않으므로 잘 보관하시기 바랍니다.
4. 공탁원인사실 기재례
가. 공탁자는 2011. 4. 23. 10:00경 서울시 OO구 OO동 소재 공탁자의 아파트에서 피공탁자를 유인하여 추행한 사건에 대하여 피공탁자에게 잘못을 사과하는 한편 상당한 위로금을 주고 합의를 보고자 하였으나 위자료의 액수가 적다는 이유로 수령을 거절하므로 공탁자가 마련할 수 있는 최선의 금액에 해당하는 금 2,000,000원을 위자료로써 공탁함.
나. 공탁자는 2011. 7. 20. 16:40경 서울시 OO구 OO로 12(OO동) OO마트 2차선 도로상에서 공탁자가 운전하던 그랜져 승용차로 자건거를 타고 횡단하던 피공탁자를 가격하여 10일 후 피공탁자가 사망에 이르는 결과가 발생하였기에, 공탁자는 형사합의금조로 금 20,000,000원을 지급하고자 하나 피공탁자의 상속인들이 누구인지 알 수가 없으므로 이에 공탁함.
다. 공탁자는 2011. 8. 12. 20:50경 서울시 OO구 OO로 12(OO동) 소재 '올림피아' 유흥주점에서 함께 술을 마시던 피공탁자가 버릇없이 행동한다는 이유로 화가 나서 주먹으로 피공탁자의 턱 부위를 1회 때려 피공탁자에게 약 6주간의 치료를 요하는 하악골골절상 등의 상해를 입게 하였는바, 공탁자는 수차례에 걸쳐 피공탁자를 찾아가 사죄하며 용서를 구하고 금 10,000,000원을 치료비 및 위자료 등으로 지급하며 원만히 합의하고자 하였으나, 피공탁자는 이에 불응하여 수령을 거절하므로 이에 공탁함.
라. 공탁자는 2011. 8. 10. 14:20경 택시운전을 하다가 서울시 OO구 OO동 OO백화점 앞 노상에서 도로를 횡단 중인 피공탁자를 들이받아 우측발목에 전치 4주일을 요하는 상해를 입혔는바, 그 후 공탁자는 수차례에 걸쳐 피공탁자를 찾아가 사죄하며 용서를 구하고 금 5,000,000원을 치료비 및 위자료 등으로 지급하며 원만히 합의하고자 하였으나, 피공탁자는 이에 불응하여 수령을 거절하므로 이에 공탁함.

[주] 공탁서 작성시 일반적 주의사항
1. 공탁자는 굵은선 안 부분만을 기재하시기 바랍니다.
2. 공탁서는 연필과 같이 지워지는 필기구를 사용해서 작성해서는 안됩니다.
3. 공탁서에 기재하는 문자는 자획을 명확히 하여야 합니다.
4. 금전 기타의 물건의 수량, 년월일 등을 기재하는 경우는 아라비아 숫자를 사용하여야 합니다.

5. 금전에 관한 숫자는 정정, 가입, 또는 삭제 할 수 없습니다. 그 이외의 사항을 정정할 경우에는 그 문자에 두 줄을 치고 그 상부 또는 하부에 정서하고 그 자수를 난외에 기재하여 날인하며 정정, 삭제한 문자를 읽을 수 있도록 남겨 두어야 합니다.
6. 공탁서의 어느 난에 기재할 내용이 너무 많아서 그 난이 부족한 경우에는 그 난에는 "별지와 같음"이라 기재하고 공탁서와 같은 크기의 용지에 그 사항을 기재하시기 바랍니다.
7. 공탁관에게 제출하는 서류가 두 장 이상으로 계속되는 경우에는 작성자가 매장마다 간인을 찍어야 하며, 당해 서류의 작성자가 여러 사람인 때에는 그 중 한사람만 간인하여도 됩니다.

[서식 22] 금전공탁통지서

[제2-1호 양식]

금 전 공 탁 통 지 서

<table>
<tr><td colspan="2">공 탁 번 호</td><td>년 금 제 호</td><td colspan="2">년 월 일 신청</td><td>법령조항</td><td></td></tr>
<tr><td rowspan="3">공
탁
자</td><td>성 명
(상호, 명칭)</td><td></td><td rowspan="3">피
공
탁
자</td><td>성 명
(상호, 명칭)</td><td colspan="2"></td></tr>
<tr><td rowspan="2">주 소
(본점, 주사무소)</td><td rowspan="2"></td><td>주 소
(본점, 주사무소)</td><td colspan="2"></td></tr>
<tr><td>주민등록번호
(법인등록번호)</td><td colspan="2"></td></tr>
<tr><td colspan="2" rowspan="2">공 탁 금 액</td><td>한글</td><td colspan="2" rowspan="2">보 관 은 행</td><td colspan="2" rowspan="2">은행 지점</td></tr>
<tr><td>숫자</td></tr>
<tr><td colspan="2">공 탁 원 인
사 실</td><td colspan="5"></td></tr>
<tr><td colspan="4">1. 공탁으로 인하여 소멸하는 질권, 전세권 또는 저당권
2. 반대급부 내용</td><td colspan="3"></td></tr>
<tr><td colspan="7">위와 같이 통지합니다. 대리인 주소

공탁자 성명 인(서명) 성명 인(서명)</td></tr>
<tr><td colspan="7">1. 위 공탁금이 년 월 일 납입되었으므로 [별지] 안내문의 구비서류 등을 지참하시고, 우리 법원 공탁소에 출석하여 공탁금 출급청구를 할 수 있습니다.
귀하가 공탁금 출급청구를 하거나, 공탁을 수락한다는 내용을 기재한 서면을 우리 공탁소에 제출하기 전에는 공탁자가 공탁금을 회수할 수 있습니다.</td></tr>
</table>

2. 공탁금 출급청구시 구비서류 등
   ※ [별지] 안내문을 참조하시기 바랍니다.
3. 공탁금은 그 출급청구권을 행사할 수 있는 때로부터 10년 내에 출급청구를 하지 않을 때에는 특별한 사유(소멸시효 중단 등)가 없는 한 소멸시효가 완성되어 국고로 귀속되게 됩니다.
4. 공탁금에 대하여 이의가 있는 경우에는 공탁금 출급청구를 할 때에 청구서에 이의유보 사유(예컨대 "손해배상금 중의 일부로 수령함" 등)를 표시하고 공탁금을 지급받을 수 있으며, 이 경우에는 후에 다른 민사소송 등의 방법으로 권리를 주장할 수 있습니다.
5. 공탁통지서는 재발급 되지 않으므로 잘 보관하시기 바랍니다.

년 월 일 발송

법원 지원 공탁관 (인)
(문의전화 :)

※ 공탁원인사실 기재례

1. 공탁자는 피공탁자로부터 2011. 9. 1. 서울시 OO구 OO동 123 대 60㎡를 대금 1억원에 매수하는 매매계약을 체결하고 계약금 1,000만원, 2011. 4. 5. 중도금 4,000만원을 각 지급하였다. 잔대금 5,000만원은 2011. 5. 5. 위 부동산의 소유권이전등기절차이행에 필요한 일체의 서류 교부와 동시에 피공탁자의 주소지에서 지급하기로 하여 그냥 위 장소에서 위 금원을 현실제공하였으나 대금의 증액을 요구하며 수령을 거부하므로 공탁함.
2. 공탁자는 피공탁자로부터 2011. 8. 20. 서울시 OO구 OO동 123 대 120㎡를 대금 3억원, 지급기일 2011. 9. 20. 지급장소 피공탁자의 주소지로 정하여 부동산매매계약을 체결하였는바, 공탁자는 위 부동산매매계약에 따라 지급기일에 채무이행지인 피공탁자의 주소지에서 매매대금 3억원을 현실제공하였으나 수령을 거부하므로 공탁함.
3. 공탁자는 2011. 8. 12. 15:40경 서울시 OO구 OO로 12(OO동) 소재의 홍길동 운영의 중고가전 가게에다 김갑동이 습득하여 갖다놓은 금 600만원의 자기앞수표를 이몽룡이 타인에게 주고 혐금 500만원으로 바꿔온 금전 중 금 200원을 취득한 바 있어, 동 금액의 피해자인 피공탁자에게 배상하고자 현실 제공하려 하였으나 피해자가 이를 수령을 거부하므로 이에 공탁함.
4. 채권자 홍길동과 채무자간 OO지방법원 2011타경 1234호 부동산강제경매사건에 관하여 2011. 8. 10. 위 법원이 한 매각허가결정에 대하여 공탁자가 항고하고자 매각대금의 10분의 1 상당액인 1억원을 보증으로 공탁함.
5. 공탁자는 2011. 8. 20. 승용차 운전을 하다가 서울시 OO구 OO로 23(OO동) 한국병원 앞 노상에서 도로를 횡단 중인 피공탁자를 들이받아 왼쪽 발목에 전치 4주일을 요하는 상해를 입힌 입혔음.
   그 후 공탁자와 피공탁자는 손해배상액에 대하여 합의를 보려고 하였으나 합의가 이루어지지 않으므로 공탁자는 2011. 8. 26. 공탁자가 상당하리라고 생각되는 손해배상금 300

만원 및 사고일로부터 공탁일까지 연 5%의 비율로 계산한 지연손해금 23,000원, 합계금 3,023,000원을 현실로 제공하였으나 수령을 거부하므로 이에 공탁함.

[서식 23] 금전공탁통지서(형사사건용)

[제2-4호 양식]

금전공탁통지서(형사사건용)

공 탁 번 호		년 금 제 호	년 월 일 신청	법령조항	
공탁자	성 명 (상호, 명칭)		피공탁자	성 명 (상호, 명칭)	
	주 소 (본점,주사무소)			주 소 (본점,주사무소)	
				주민등록번호 (법인등록번호)	
공 탁 금 액		한글	보 관 은 행	은행 지점	
		숫자			
형사사건	사건번호	경찰서 년제 호 지방검찰청 지청 년 형제 호 지방법원 지원 년 고단(합) 제 호			
	사건명				
공 탁 원 인 사 실					
1. 공탁으로 인하여 소멸하는 질권, 전세권 또는 저당권 2. 반대급부 내용					

위와 같이 통지합니다. 대리인 주소
공탁자 성명 인(서명) 성명 인(서명)

1. 위 공탁금이 년 월 일 납입되었으므로 [별지] 안내문의 구비서류 등을 지참하시고, 우리 법원 공탁소에 출석하여 공탁금 출급청구를 할 수 있습니다.
2. 공탁자가 회수제한신고를 한 경우에는 공탁자는 귀하의 동의가 없으면 위 형사사건에 대하여 불기소결정(단, 기소유예는 제외)이 있거나 무죄판결이 확정될 때까지 공탁금에 대한 회수청구권을 행사할 수 없습니다.
   그러나, 공탁자가 회수제한신고를 하지 않은 경우에는 귀하가 공탁금 출급청구를 하거나, 공탁을 수락한다는 내용을 기재한 서면을 우리 공탁소에 제출하기 전에는 공탁자가 공탁금을 회수할 수 있습니다.

3. 공탁금은 그 출급청구권을 행사할 수 있는 때로부터 10년 내에 출급청구를 하지 않을 때에는 특별한 사유(소멸시효 중단 등)가 없는 한 소멸시효가 완성되어 국고로 귀속되게 됩니다.
4. 공탁금에 대하여 이의가 있는 경우에는 공탁금 출급청구를 할 때에 청구서에 이의유보 사유(예컨대 "손해배상금 중의 일부로 수령함" 등)를 표시하고 공탁금을 지급받을 수 있으며, 이 경우에는 후에 다른 민사소송 등의 방법으로 권리를 주장할 수 있습니다.
5. 공탁통지서는 재발급 되지 않으므로 잘 보관하시기 바랍니다.

년　　월　　일 발송

법원　　지원 공탁관　　　(인)
(문의전화 :　　　　　)

※ 공탁원인사실 기재례

1. 공탁자는 2011. 4. 23. 10:00경 서울시 OO구 OO동 소재 공탁자의 아파트에서 피공탁자를 유인하여 추행한 사건에 대하여 피공탁자에게 잘못을 사과하는 한편 상당한 위로금을 주고 합의를 보고자 하였으나 위자료의 액수가 적다는 이유로 수령을 거절하므로 공탁자가 마련할 수 있는 최선의 금액에 해당하는 금 2,000,000원을 위자료로써 공탁함.
2. 공탁자는 2011. 7. 20. 16:40경 서울시 OO구 OO동 OO마트 2차선 도로상에서 공탁자가 운전하던 그랜져 승용차로 자전거를 타고 횡단하던 피공탁자를 가격하여 10일 후 피공탁자가 사망에 이르는 결과가 발생하였기에, 공탁자는 형사합의금조로 금 20,000,000원을 지급하고자 하나 피공탁자의 상속인들이 누구인지 알 수가 없으므로 이에 공탁함.
3. 공탁자는 2011. 8. 12. 20:50경 서울시 OO구 OO동 123 소재 '올림피아' 유흥주점에서 함께 술을 마시던 피공탁자가 버릇없이 행동한다는 이유로 화가 나서 주먹으로 피공탁자의 턱 부위를 1회 때려 피공탁자에게 약 6주간의 치료를 요하는 하악골 골절상 등의 상해를 입게 하였는바, 공탁자는 수차례에 걸쳐 피공탁자를 찾아가 사죄하며 용서를 구하고 금 10,000,000원을 치료비 및 위자료 등으로 지급하며 원만히 합의하고자 하였으나, 피공탁자는 이에 불응하여 수령을 거절하므로 이에 공탁함.
4. 공탁자는 2011. 8. 10. 14:20경 택시운전을 하다가 서울시 OO구 OO동 OO백화점 앞 노상에서 도로를 횡단 중인 피공탁자를 들이받아 우측발목에 전치 4주일을 요하는 상해를 입혔는바, 그 후 공탁자는 수차례에 걸쳐 피공탁자를 찾아가 사죄하며 용서를 구하고 금 5,000,000원을 치료비 및 위자료 등으로 지급하며 원만히 합의하고자 하였으나, 피공탁자는 이에 불응하여 수령을 거절하므로 이에 공탁함.

[서식 24] 대공탁·부속공탁청구서

[제6호 양식]

대공탁·부속공탁 청구서

<table>
<tr><td>원공탁 번호</td><td>년 증 제 호</td><td>년 월 일
신청</td><td>청구 종별</td><td colspan="2">대 공 탁
부 속 공 탁</td></tr>
<tr><td>대공탁 번호</td><td>년 금 제 호</td><td>대공탁 금액</td><td colspan="3"></td></tr>
<tr><td>부속공탁번호</td><td>년 금 제 호</td><td>부속공탁금액</td><td colspan="3"></td></tr>
<tr><td rowspan="5">추 심 을
의뢰하는
목 적 물</td><td colspan="4">공 탁 유 가 증 권</td><td rowspan="2">상환금·이자·
배당금의 구별,
기타 지급기일</td></tr>
<tr><td>명 칭</td><td>장 수</td><td>총 액면금액</td><td>액면금 기호, 번호</td></tr>
<tr><td></td><td></td><td></td><td></td><td></td></tr>
<tr><td></td><td></td><td></td><td></td><td></td></tr>
<tr><td></td><td></td><td></td><td></td><td></td></tr>
<tr><td>보 관 은 행</td><td colspan="5">은행 지점</td></tr>
<tr><td>비고(첨부서류 등)</td><td colspan="5"></td></tr>
<tr><td colspan="6">위와 같이 청구합니다. 대리인 주소
청구인 성명 인(서명) 성명 인(서명)</td></tr>
<tr><td colspan="6">위 청구를 수리합니다.
년 월 일
법원 지원 공탁관 (인)</td></tr>
<tr><td colspan="6">(영수증) 위 공탁금을 납입하기 위하여 필요한 출급의뢰서 등 일체의 서류를 영수 하였음을 증명합니다.
년 월 일
공탁금 보관은행 (인)</td></tr>
</table>

※ 도장을 날인하거나 서명을 하되, 대리인이 공탁할 때에는 대리인의 주소, 성명을 기재하고 대리인의 도장을 날인(서명)하여야 합니다.

[서식 25] 대공탁·부속공탁을 위한 유가증권·이표 출급의뢰서

[제7호 양식]

대공탁·부속공탁을 위한 유가증권·이표 출급의뢰서

<table>
<tr><td colspan="7">공탁금 보관은행 귀중</td></tr>
<tr><td>원공탁 번호</td><td colspan="2">년 증 제 호</td><td>년 월 일
신청</td><td>청구 종별</td><td colspan="2">대 공 탁
부 속 공 탁</td></tr>
<tr><td>대공탁 번호</td><td colspan="2">년 금 제 호</td><td>대공탁 금액</td><td colspan="3"></td></tr>
<tr><td>부속공탁번호</td><td colspan="2">년 금 제 호</td><td>부속공탁금액</td><td colspan="3"></td></tr>
<tr><td rowspan="6">출 급 을
의뢰하는
목 적 물</td><td colspan="4">공 탁 유 가 증 권</td><td rowspan="2" colspan="2">상환금·이자·
배당금의 구별,
기타 지급기일</td></tr>
<tr><td>명 칭</td><td>장 수</td><td>총 액면금액</td><td>액면금 기호, 번호</td></tr>
<tr><td></td><td></td><td></td><td></td><td colspan="2"></td></tr>
<tr><td></td><td></td><td></td><td></td><td colspan="2"></td></tr>
<tr><td></td><td></td><td></td><td></td><td colspan="2"></td></tr>
<tr><td></td><td></td><td></td><td></td><td colspan="2"></td></tr>
<tr><td colspan="7">위 증권·이표의 출급을 의뢰하오니 추심하여 공탁금 계좌에 납입하여 주시기 바랍니다.

첨부서류 :

년 월 일

법원 지원 공탁관 (인)</td></tr>
</table>

※ 첨부서류 : 공탁유가증권이 기명식인 때에는 공탁유가증권 보관자 앞으로 작성한 상환금(이자·배당금) 추심 위임장을 첨부함.

[서식 26] 동의서(승낙서)

[제18호 양식]

동　의　서(승낙서)

공탁번호	년 금(증·물) 제　　　　호			
공탁금액				
동 의 자	성　명 (상호, 명칭)		주민등록번호 (법인등록번호)	
상 대 방 (동의받는자)	성　명 (상호, 명칭)		주민등록번호 (법인등록번호)	

위 상대방(동의받는 자)에게 이 사건 공탁금을 지급하는데 대하여 동의합니다.

년　　월　　일

동의하는 자 성명 :　　　　　(인감)

OO 지방법원 OO지원 공탁관 귀하

※ 첨부 서류 : 동의하는 자의 인감증명서 1부.

[서식 27] 물품공탁서

[제1-8호 양식]

물 품 공 탁 서

<table>
<tr><td colspan="2">공 탁 번 호</td><td>년 물 제 호</td><td colspan="2">년 월 일 신청</td><td>법령조항</td><td></td></tr>
<tr><td rowspan="4">공탁자</td><td>성 명
(상호, 명칭)</td><td></td><td rowspan="4">피공탁자</td><td>성 명
(상호, 명칭)</td><td colspan="3"></td></tr>
<tr><td>주민등록번호
(법인등록번호)</td><td></td><td>주민등록번호
(법인등록번호)</td><td colspan="3"></td></tr>
<tr><td>주 소
(본점, 주사무소)</td><td></td><td>주 소
(본점, 주사무소)</td><td colspan="3"></td></tr>
<tr><td>전화번호</td><td></td><td>전화번호</td><td colspan="3"></td></tr>
<tr><td colspan="4">공 탁 물 품</td><td rowspan="3">공탁
원인
사실</td><td colspan="3" rowspan="3"></td></tr>
<tr><td colspan="2">명 칭</td><td>종류</td><td>수 량</td></tr>
<tr><td colspan="2"></td><td></td><td></td></tr>
<tr><td colspan="2"></td><td></td><td></td><td colspan="2" rowspan="3">1. 공탁으로 인하여 소멸하는 질권, 전세권 또는 저당권
2. 반대급부 내용</td><td colspan="2" rowspan="3"></td></tr>
<tr><td colspan="2"></td><td></td><td></td></tr>
<tr><td colspan="2"></td><td></td><td></td></tr>
<tr><td colspan="2"></td><td></td><td></td><td colspan="2">보 관 자</td><td colspan="2"></td></tr>
<tr><td colspan="2"></td><td></td><td></td><td colspan="2">비 고</td><td colspan="2"></td></tr>
</table>

위와 같이 신청합니다. 대리인 주소

전화번호

공탁자 성명 인(서명) 성명 인(서명)

위 공탁을 수리합니다.

공탁물품을 년 월 일까지 위 보관자에게 납입하시기 바랍니다.
위 납입기일까지 공탁물품을 납입하지 않을 때는 이 공탁 수리결정의 효력이 상실됩니다.

년 월 일

법원 지원 공탁관 (인)

(영수증) 위 공탁물품이 납입되었음을 증명합니다. 년 월 일 공탁물보관자 (인)

※ 1. 도장을 날인하거나 서명을 하되, 대리인이 공탁할 때에는 대리인의 주소, 성명을 기재하고 대리인의 도장을 날인(서명)하여야 합니다.

2. 공탁서는 재발급 되지 않으므로 잘 보관하시기 바랍니다.

3. 공탁원인사실 기재례

가. 공탁자는 피공탁자에게 밍크모피원단 100마리분을 수입공급하기로 계약체결하고 그 대금을 선급금으로 수령하였으나 피공탁자가 이를 인수하지 아니하므로 공탁함.

나. 공탁자와 피공탁자간 서울중앙지방법원 2011가합 1234호 매매대금 청구사건에 관하여 공탁자는 위 법원에서 2011. 9. 12. 선고한 가집행 선고부 판결정본에 기하여 피공탁자에 대한 매매잔대금 강제집행을 실시하고자 하나 피공탁자가 부동산소유권 이전등기에 필요한 서류의 수령을 거부하므로 이에 공탁함.

[주] 공탁서 작성시 일반적 주의사항

1. 공탁자는 굵은선 안 부분만을 기재하시기 바랍니다.
2. 공탁서는 연필과 같이 지워지는 필기구를 사용해서 작성해서는 안됩니다.
3. 공탁서에 기재하는 문자는 자획을 명확히 하여야 합니다.
4. 금전 기타의 물건의 수량, 년월일 등을 기재하는 경우는 아라비아 숫자를 사용하여야 합니다.
5. 금전에 관한 숫자는 정정, 가입, 또는 삭제 할 수 없습니다. 그 이외의 사항을 정정할 경우에는 그 문자에 두줄을 치고 그 상부 또는 하부에 정서하고 그 자수를 난외에 기재하여 날인하며 정정, 삭제한 문자를 읽을 수 있도록 남겨 두어야 합니다.
6. 공탁서의 어느 난에 기재할 내용이 너무 많아서 그 난이 부족한 경우에는 그 난에는 "별지와 같음"이라 기재하고 공탁서와 같은 크기의 용지에 그 사항을 기재하시기 바랍니다.
7. 공탁관에게 제출하는 서류가 두 장 이상으로 계속되는 경우에는 작성자가 매장마다 간인을 찍어야 하며, 당해 서류의 작성자가 여러 사람인 때에는 그 중 한사람만 간인하여도 됩니다.

[서식 28] 물품공탁통지서

[제2-3호 양식]

물품공탁통지서

<table>
<tr><td colspan="2">공 탁 번 호</td><td>년 물 제 호</td><td colspan="2">년 월 일 신청</td><td>법령조항</td><td></td></tr>
<tr><td rowspan="3">공탁자</td><td>성 명
(상호, 명칭)</td><td></td><td rowspan="3">피공탁자</td><td>성 명
(상호, 명칭)</td><td colspan="2"></td></tr>
<tr><td rowspan="2">주 소
(본점, 주사무소)</td><td rowspan="2"></td><td>주 소
(본점, 주사무소)</td><td colspan="2"></td></tr>
<tr><td>주민등록번호
(법인등록번호)</td><td colspan="2"></td></tr>
</table>

<table>
<tr><td colspan="3">공 탁 물 품</td><td rowspan="3">공탁
원인
사실</td><td rowspan="3"></td></tr>
<tr><td>명 칭</td><td>종 류</td><td>수 량</td></tr>
<tr><td></td><td></td><td></td></tr>
<tr><td></td><td></td><td></td><td rowspan="3">1. 공탁으로 인하여 소멸하는 질권, 전세권 또는 저당권
2. 반대급부 내용</td><td rowspan="3"></td></tr>
<tr><td></td><td></td><td></td></tr>
<tr><td></td><td></td><td></td></tr>
<tr><td></td><td></td><td></td><td>비 고</td><td></td></tr>
</table>

위와 같이 통지합니다. 대리인 주소

공탁자 성명 인(서명) 성명 인(서명)

1. 위 공탁물품이 년 월 일 납입되었으므로 아래와 같은 구비서류를 지참하시고, 우리 법원 공탁소에 출석하여 공탁물품 출급청구를 할 수 있습니다.
   귀하가 공탁물품 출급청구를 하거나 공탁을 수락한다는 내용을 기재한 서면을 우리 공탁소에 제출하기 전에는 공탁자가 공탁물품을 회수할 수 있습니다.
2. 공탁물품출급청구시 구비서류 : ① 출급청구서 2통, ② 공탁통지서, ③ 인감증명서 1통, ④ 인감도장, ⑤ 신분증
   ※ 대리인이 올 경우에는 위 구비서류 ①, ②외에 위임장(본인의 인감도장이 찍힌), 본인의 인감증명서, 대리인의 신분증을 지참하여야 합니다.
3. 공탁물품에 대하여 이의가 있는 경우에는 공탁물품 출급청구를 할 때에 청구서에 이의유보사유(예컨대 "손해배상금 중의 일부로 수령함" 등)를 적고 공탁물품을 지급받을 수 있으며, 이 경우에는 후에 다른 민사소송 등의 방법으로 권리를 주장할 수 있습니다.
4. 공탁통지서는 재발급 되지 않으므로 잘 보관하시기 바랍니다.

년 월 일 발송

법원 지원 공탁관 (직인)
(문의전화 :)

※ **공탁원인사실 기재례**

1. 공탁자는 피공탁자에게 밍크모피원단 100마리분을 수입공급하기로 계약체결하고 그 대금을 선급금으로 수령하였으나 피공탁자가 이를 인수하지 아니하므로 공탁함.
2. 공탁자와 피공탁자간 서울중앙지방법원 2011가합 1234호 매매대금 청구사건에 관하여 공탁자는 위 법원에서 2011. 9. 12. 선고한 가집행 선고부 판결정본에 기하여 피공탁자에 대한 매매잔대금 강제집행을 실시하고자 하나 피공탁자가 부동산소유권이전등기에 필요한 서류의 수령을 거부하므로 이에 공탁함.

[서식 29] 보 증 서

[제10호 양식]

보 증 서

공탁번호	년 금(증·물) 제 호			
공탁금액				
공 탁 자	성 명 (상호, 명칭)		주민등록번호 (법인등록번호)	
	주 소 (본점, 주사무소)			
피공탁자	성 명 (상호, 명칭)		주민등록번호 (법인등록번호)	
	주 소 (본점, 주사무소)			

아래 연대보증인들은 위 공탁사건에 대하여 피공탁자(공탁자)가 공탁통지서(공탁서)를 첨부하지 않고 공탁금을 출급(회수)함으로 인하여 손해가 발생한 때에는 수령인과 연대하여 그 손해를 배상할 것을 보증합니다.

년 월 일

수 령 인 : (서명)

연대보증인 : (서명)
주민등록번호 :
주 소 :

연대보증인 : (서명)
주민등록번호 :
주 소 :

※ 1. 첨부서류 : 보증인의 재산증명서(부동산등기부등본 등), 신분증사본
2. 출급·회수청구를 자격자대리인(변호사, 법무사 등)이 대리하는 경우 그 대리인이 보증을 할 수 있고, 이때에는 재산증명서나 신분증사본은 첨부하지 않아도 됩니다.

[서식 30] 사실증명신청서

[제16-2호 양식]

사 실 증 명 신 청 서

신 청 인	성 명			
	자 격			
	주 소			
	주민등록번호			
	전 화 번 호			
증명대상서류	법 원			
	공탁사건번호		공 탁 금 액	
	공 탁 자		피 공 탁 자	
증명의 목적				
증명을 받고자 하는 내용				
신청 수수료	500원	(수입인지 첨부란)		

년 월 일 위 신청인 인(서명)
위의 사실을 증명합니다. 년 월 일 법원 지원 공탁관 (인)

[서식 31] 사유신고서

[제15호 양식]

사 유 신 고 서

법원 지원 귀하				
공 탁 번 호			공 탁 금 액	한글
				숫자
공탁자	성 명 (상호, 명칭)			
	주 소 (본점, 주사무소)			
	주민등록번호 (법인등록번호)			
피공탁자	성 명 (상호, 명칭)			
	주 소 (본점, 주사무소)			
	주민등록번호 (사업자등록번호)			

위 공탁금의 회수(출급) 청구권에 대하여 아래와 같이 채권압류명령 등이 경합되었으므로 사유신고 합니다.

- 아　　　　래 -

1.

년　　월　　일

법원　　　지원　공탁관　　　　　(인)

※ 1. 아래 란에는 가압류·압류 사건번호와 법원, 채권자 및 채무자의 성명과 주소, 청구금액 및 압류명령서 등의 송달연월일 등을 기재 합니다.
2. 공탁당사자가 국가 또는 지방자치단체인 경우에는 법인등록번호란에 '사업자등록번호'를 기재하시기 바랍니다.

[서식 32] 유가증권 공탁서(변제 등)

[제1-5호 양식]

유가증권 공탁서(변제 등)

공 탁 번 호	년 증 제 　 호		년 월 일 신청	법령조항	
공탁자	성 명 (상호, 명칭)		피공탁자	성 명 (상호, 명칭)	
	주민등록번호 (법인등록번호)			주민등록번호 (법인등록번호)	
	주 소 (본점, 사무소)			주 소 (본점, 주사무소)	
	전화번호			전화번호	

공탁유가증권				공탁원인사실	
명 칭			계		
장 수					
총액면금	한글 숫자			1. 공탁으로 인하여 소멸하는 질권, 전세권 또는 저당권 2. 반대급부 내용	
액면금 기호번호					

<table>
<tr><td>부속이표</td><td></td><td></td><td></td><td>보 관 은 행</td><td>은행 지점</td></tr>
<tr><td>최종상환기</td><td></td><td></td><td></td><td>비 고</td><td></td></tr>
<tr><td colspan="6">위와 같이 신청합니다. 대리인 주소
전화번호
공탁자 성명 인(서명) 성명 인(서명)</td></tr>
<tr><td colspan="6">위 공탁을 수리합니다.
공탁유가증권을 년 월 일까지 위 보관은행의 공탁관 계좌에 납입하시기 바랍니다. 위 납입기일까지 공탁유가증권을 납입하지 않을 때는 이 공탁 수리결정의 효력이 상실됩니다.
년 월 일
법원 지원 공탁관 (인)</td></tr>
<tr><td colspan="6">(영수증) 위 공탁유가증권이 납입되었음을 증명합니다.
년 월 일
공탁금 보관은행(공탁관) (인)</td></tr>
</table>

※ 1. 도장을 날인하거나 서명을 하되, 대리인이 공탁할 때에는 대리인의 주소, 성명을 기재하고 대리인의 도장을 날인(서명)하여야 합니다.
2. 공탁당사자가 국가 또는 지방자치단체인 경우에는 법인등록번호란에 '사업자등록번호'를 기재하시기 바랍니다.
3. 공탁서는 재발급 되지 않으므로 잘 보관하시기 바랍니다.
4. 공탁원인사실 기재례
공탁자는 주식회사 한진이 발행한 무기명식 채권을 가지고 있는바, 위 회사에 대한 사채권자 집행소집요구를 위해 좌 기재채권을 공탁함.

[주] 공탁서 작성시 일반적 주의사항

1. 공탁자는 굵은선 안 부분만을 기재하시기 바랍니다.
2. 공탁서는 연필과 같이 지워지는 필기구를 사용해서 작성해서는 안됩니다.
3. 공탁서에 기재하는 문자는 자획을 명확히 하여야 합니다.
4. 금전 기타의 물건의 수량, 년월일 등을 기재하는 경우는 아라비아 숫자를 사용하여야 합니다.
5. 금전에 관한 숫자는 정정, 가입, 또는 삭제 할 수 없습니다. 그 이외의 사항을 정정할 경우에는 그 문자에 두줄을 치고 그 상부 또는 하부에 정서하고 그 자수를 난외에 기재하

여 날인하며 정정, 삭제한 문자를 읽을 수 있도록 남겨 두어야 합니다.

6. 공탁서의 어느 난에 기재할 내용이 너무 많아서 그 난이 부족한 경우에는 그 난에는 "별지와 같음"이라 기재하고 공탁서와 같은 크기의 용지에 그 사항을 기재하시기 바랍니다.
7. 공탁관에게 제출하는 서류가 두 장 이상으로 계속되는 경우에는 작성자가 매장마다 간인을 찍어야 하며, 당해 서류의 작성자가 여러 사람인 때에는 그 중 한사람만 간인하여도 됩니다.

[서식 33] 유가증권 공탁서(영업보증)

[제1-7호 양식]

유가증권 공탁서(영업보증)

공 탁 번 호	년 증 제 호	년 월 일 신청	법령조항	

공탁자	성 명 (상호, 명칭)	
	주민등록번호 (법인등록번호)	
	주 소 (본점, 주사무소)	
	전화번호	

공탁유가증권				공탁원인사실	
명 칭			계		
장 수					
총액면금	한글 숫자			관공서의 명칭, 건명(허가번호 등)	
액면금 기호번호					
부속이표				보 관 은 행	은행 지점
최종상환기				비 고	

위와 같이 신청합니다. 공탁자 성명 인(서명)	대리인 주소 전화번호 성명 인(서명)
위 공탁을 수리합니다. 공탁유가증권을 년 월 일까지 위 보관은행의 공탁관 계좌에 납입하시기 바랍니다. 위 납입기일까지 공탁유가증권을 납입하지 않을 때는 이 공탁 수리결정의 효력이 상실됩니다. 년 월 일 법원 지원 공탁관 (인)	
(영수증) 위 공탁유가증권이 납입되었음을 증명합니다. 년 월 일 공탁금 보관은행(공탁관) (인)	

※ 1. 도장을 날인하거나 서명을 하되, 대리인이 공탁할 때에는 대리인의 주소, 성명을 기재하고 대리인의 도장을 날인(서명)하여야 합니다.
2. 공탁서는 재발급 되지 않으므로 잘 보관하시기 바랍니다.

[주] 공탁서 작성시 일반적 주의사항

1. 공탁자는 굵은선 안 부분만을 기재하시기 바랍니다.
2. 공탁서는 연필과 같이 지워지는 필기구를 사용해서 작성해서는 안됩니다.
3. 공탁서에 기재하는 문자는 자획을 명확히 하여야 합니다.
4. 금전 기타의 물건의 수량, 년월일 등을 기재하는 경우는 아라비아 숫자를 사용하여야 합니다.
5. 금전에 관한 숫자는 정정, 가입, 또는 삭제 할 수 없습니다. 그 이외의 사항을 정정할 경우에는 그 문자에 두 줄을 치고 그 상부 또는 하부에 정서하고 그 자수를 난외에 기재하여 날인하며 정정, 삭제한 문자를 읽을 수 있도록 남겨 두어야 합니다.
6. 공탁서의 어느 난에 기재할 내용이 너무 많아서 그 난이 부족한 경우에는 그 난에는 "별지와 같음"이라 기재하고 공탁서와 같은 크기의 용지에 그 사항을 기재하시기 바랍니다.
7. 공탁관에게 제출하는 서류가 두 장 이상으로 계속되는 경우에는 작성자가 매장마다 간인을 찍어야 하며, 당해 서류의 작성자가 여러 사람인 때에는 그 중 한사람만 간인하여도 됩니다.

[서식 34] 유가증권 공탁서(재판상의 보증)

[제1-6호 양식]

유가증권 공탁서(재판상의 보증)

<table>
<tr><td colspan="2">공 탁 번 호</td><td colspan="3">년 증 제 호</td><td colspan="3">년 월 일 신청</td><td>법령조항</td><td></td></tr>
<tr><td rowspan="4">공
탁
자</td><td>성 명
(상호, 명칭)</td><td colspan="3"></td><td rowspan="4">피
공
탁
자</td><td colspan="2">성 명
(상호, 명칭)</td><td colspan="2"></td></tr>
<tr><td>주민등록번호
(법인등록번호)</td><td colspan="3"></td><td colspan="2">주민등록번호
(법인등록번호)</td><td colspan="2"></td></tr>
<tr><td>주 소
(본점, 주사무소)</td><td colspan="3"></td><td colspan="2">주 소
(본점,
주사무소)</td><td colspan="2"></td></tr>
<tr><td>전화번호</td><td colspan="3"></td><td colspan="2">전화번호</td><td colspan="2"></td></tr>
<tr><td colspan="5">공탁유가증권</td><td rowspan="3">법원
의명
칭과
사건</td><td colspan="4">법원 사건</td></tr>
<tr><td colspan="2">명 칭</td><td></td><td></td><td>계</td><td rowspan="2">당
사
자</td><td rowspan="2">원고
신청인
채권자</td><td rowspan="2"></td><td rowspan="2">피고
피신청인
채무자</td></tr>
<tr><td colspan="2">장 수</td><td></td><td></td><td></td></tr>
<tr><td colspan="2">총액면금</td><td>한글
숫자</td><td></td><td></td><td rowspan="2">공탁
원인
사실</td><td colspan="4" rowspan="2">1. 가압류보증 7. 강제집행속행보증
2. 가처분보증 8. 소송비용담보
3. 가압류취소보증 9. 가집행담보
4. 가처분취소보증 10. 가집행을 면하기
5. 강제집행정지보증 위한 담보
6. 강제집행취소보증 11. 기타( )</td></tr>
<tr><td colspan="2">액면금
기호번호</td><td></td><td></td><td></td></tr>
<tr><td colspan="2">부속이표</td><td></td><td></td><td></td><td colspan="2">보 관 은 행</td><td colspan="3">은행 지점</td></tr>
<tr><td colspan="2">최종상환기</td><td></td><td></td><td></td><td colspan="2">비고(첨부서류 등)</td><td colspan="3"></td></tr>
</table>

위와 같이 신청합니다. 대리인 주소

전화번호

공탁자 성명 인(서명) 성명 인(서명)

위 공탁을 수리합니다.

공탁유가증권을 년 월 일까지 위 보관은행의 공탁관 계좌에 납입하시기 바랍니다. 위 납입기일까지 공탁유가증권을 납입하지 않을 때는 이 공탁 수리결정의 효력이 상실됩니다.

년 월 일

법원 지원 공탁관 (인)
(영수증) 위 공탁유가증권이 납입되었음을 증명합니다. 년 월 일 공탁금 보관은행(공탁관) (인)

※ 1. 도장을 날인하거나 서명을 하되, 대리인이 공탁할 때에는 대리인의 주소, 성명을 기재하고 대리인의 도장을 날인(서명)하여야 합니다.
2. 공탁당사자가 국가 또는 지방자치단체인 경우에는 법인등록번호란에 '사업자등록번호'를 기재하시기 바랍니다.
3. 공탁서는 재발급 되지 않으므로 잘 보관하시기 바랍니다.

[주] 공탁서 작성시 일반적 주의사항

1. 공탁자는 굵은선 안 부분만을 기재하시기 바랍니다.
2. 공탁서는 연필과 같이 지워지는 필기구를 사용해서 작성해서는 안됩니다.
3. 공탁서에 기재하는 문자는 자획을 명확히 하여야 합니다.
4. 금전 기타의 물건의 수량, 년월일 등을 기재하는 경우는 아라비아 숫자를 사용하여야 합니다.
5. 금전에 관한 숫자는 정정, 가입, 또는 삭제 할 수 없습니다. 그 이외의 사항을 정정할 경우에는 그 문자에 두 줄을 치고 그 상부 또는 하부에 정서하고 그 자수를 난외에 기재하여 날인하며 정정, 삭제한 문자를 읽을 수 있도록 남겨 두어야 합니다.
6. 공탁서의 어느 난에 기재할 내용이 너무 많아서 그 난이 부족한 경우에는 그 난에는 "별지와 같음"이라 기재하고 공탁서와 같은 크기의 용지에 그 사항을 기재하시기 바랍니다.
7. 공탁관에게 제출하는 서류가 두 장 이상으로 계속되는 경우에는 작성자가 매장마다 간인을 찍어야 하며, 당해 서류의 작성자가 여러 사람인 때에는 그 중 한사람만 간인하여도 됩니다.

[서식 35] 유가증권 공탁통지서

[제2-2호 양식]

유가증권 공탁통지서

<table>
<tr><td colspan="2">공 탁 번 호</td><td colspan="2">년 증 제 호</td><td colspan="2">년 월 일 신청</td><td>법령조항</td><td></td></tr>
<tr><td rowspan="2">공탁자</td><td>성 명
(상호, 명칭)</td><td colspan="2"></td><td rowspan="3">피공탁자</td><td>성 명
(상호, 명칭)</td><td colspan="2"></td></tr>
<tr><td rowspan="2">주 소
(본점, 주사무소)</td><td colspan="2" rowspan="2"></td><td>주 소
(본점, 주사무소)</td><td colspan="2"></td></tr>
<tr><td></td><td>주민등록번호
(법인등록번호)</td><td colspan="2"></td></tr>
<tr><td colspan="4">공탁유가증권</td><td rowspan="3">공탁
원인
사실</td><td colspan="3" rowspan="3"></td></tr>
<tr><td>명 칭</td><td></td><td></td><td>계</td></tr>
<tr><td>장 수</td><td></td><td></td><td></td></tr>
<tr><td>총액면금</td><td>한글
숫자</td><td></td><td></td><td colspan="2" rowspan="2">1. 공탁으로 인하여 소멸하는 질권, 전세권 또는 저당권
2. 반대급부 내용</td><td colspan="2" rowspan="2"></td></tr>
<tr><td>액면금
기호번호</td><td></td><td></td><td></td></tr>
<tr><td>부속이표</td><td></td><td></td><td></td><td colspan="2">보 관 은 행</td><td colspan="2">은행 지점</td></tr>
<tr><td>최종상환기</td><td></td><td></td><td></td><td colspan="2">비 고</td><td colspan="2"></td></tr>
<tr><td colspan="8">위와 같이 통지합니다. 대리인 주소
공탁자 성명 인(서명) 성명 인(서명)</td></tr>
<tr><td colspan="8">1. 위 공탁유가증권이 년 월 일 납입되었으므로 [별지] 안내문의 구비서류 등을 지참하시고, 우리 법원 공탁소에 출석하여 공탁유가증권 출급청구를 할 수 있습니다.
귀하가 공탁유가증권 출급청구를 하거나 공탁을 수락한다는 내용을 기재한 서면을 우리 공탁소에 제출하기 전에는 공탁자가 공탁유가증권을 회수할 수 있습니다.
2. 공탁유가증권 출급청구시 구비서류 등
※ [별지] 안내문을 참조하시기 바랍니다.
3. 공탁유가증권에 대하여 이의가 있는 경우에는 공탁유가증권 출급청구를 할 때에 청구서에 이의유보사유(예컨대 "손해배상금 중의 일부로 수령함" 등)를 표시하고 공탁유가증권을 지급받을 수 있으며, 이 경우에는 후에 다른 민사소송 등의 방법으로 권리를 주장할 수 있습니다.
4. 공탁통지서는 재발급 되지 않으므로 잘 보관하시기 바랍니다.</td></tr>
</table>

년 월 일 발송

법원 지원 공탁관 (인)
(문의전화 :)

[서식 36] 이의신청서

[제17호 양식]

이 의 신 청 서

신청인	성 명 (상호, 명칭)	
	주 소 (본점, 주사무소)	
	주민등록번호 (법인등록번호)	
피신청인	성 명	대 한 민 국 법률상 대표자 법무부장관 ○ ○ ○ (소관 : OO지방법원 OO지원 공탁관)
	주 소	

신 청 취 지

1. 신청인이 20 . . . 피신청인에게 한 동원 년 금 제 호 공탁 신청(공탁금 출급·회수청구)에 대하여 피신청인이 20 . . . 행한 불수리결정을 취소한다
2. 피신청인은 신청인의 공탁 신청(공탁금 출급·회수청구)을 수리(인가)하라

라는 재판을 구합니다.

신 청 이 유

첨 부 서 류

년　　월　　일

위 신청인　　　　　　　　인(서명)

[서식 37] 증 명 서

[제12호 양식]

증　　명　　서

공탁번호		년금제　　호	공탁금액	
수령할 공탁금액				
수령인	성　명 (상호, 명칭)			
	주　소 (본점, 주사무소)			
	주민등록번호 (사업자등록번호)			

위 수령인이 위의 수령할 공탁금액에 대한 수령권자임을 증명합니다.

년　　월　　일

법원　　지원　　　　　　(인)

[서식 38] 지급위탁서

[제11호 양식]

지 급 위 탁 서

<table>
<tr><td colspan="5">법원 지원 공탁관 귀하</td></tr>
<tr><td colspan="2">공 탁 번 호</td><td>년 금 제 호</td><td>공 탁 금 액</td><td></td></tr>
<tr><td rowspan="2">공
탁
자</td><td>성 명
(상호, 명칭)</td><td colspan="3"></td></tr>
<tr><td>주 소
(본점, 주사무소)</td><td colspan="3"></td></tr>
<tr><td rowspan="3">수
령
인</td><td>성 명
(상호, 명칭)</td><td colspan="3"></td></tr>
<tr><td>주 소
(본점, 주사무소)</td><td colspan="3"></td></tr>
<tr><td>주민등록번호
(사업자등록번호)</td><td colspan="3"></td></tr>
<tr><td colspan="2">지 급 액</td><td colspan="3"></td></tr>
<tr><td colspan="2">지 급 내 역</td><td colspan="3"></td></tr>
<tr><td colspan="5">공탁금을 위와 같이 지급 의뢰합니다.

년 월 일

법원 지원 (인)</td></tr>
</table>

[서식 39] 제3채무자의 집행공탁

[제1-1호 양식]

금전 공탁서(변제 등)

<table>
<tr><td colspan="2">공 탁 번 호</td><td>년 금 제 호</td><td colspan="2">년 월 일 신청</td><td>법령조항</td><td>민사집행법 제248조</td></tr>
<tr><td rowspan="4">공
탁
자</td><td>성 명
(상호, 명칭)</td><td>OO농업협동조합
대표자 조합장 OOO</td><td rowspan="4">피
공
탁
자</td><td>성 명
(상호, 명칭)</td><td colspan="2"></td></tr>
<tr><td>주민등록번호
(법인등록번호)</td><td>000-00-00000</td><td>주민등록번호
(법인등록번호)</td><td colspan="2"></td></tr>
<tr><td>주 소
(본점, 주사무소)</td><td>경남 OO군 OO읍 OO리
OOO-OO</td><td>주 소
(본점, 주사무소)</td><td colspan="2"></td></tr>
<tr><td>전화번호</td><td>000-000-000</td><td>전화번호</td><td colspan="2"></td></tr>
<tr><td colspan="2" rowspan="2">공 탁 금 액</td><td>한글 일천칠백사만오천
일백이십원</td><td colspan="2" rowspan="2">보 관 은 행</td><td colspan="2" rowspan="2">OO은행 OO지점</td></tr>
<tr><td>숫자 17,045,120원</td></tr>
<tr><td colspan="2">공탁원인사실</td><td colspan="5">별지 기재와 같음</td></tr>
<tr><td colspan="2">비고(첨부서류 등)</td><td colspan="5">1. 공탁서부본 1통 2. 결정문사본 6통
3. 급여압류금보관내역 사본 1통 4. 위임장 1통 ☐ 계좌납입신청</td></tr>
<tr><td colspan="3">1. 공탁으로 인하여 소멸하는 질권, 전세권 또는 저당권
2. 반대급부 내용</td><td colspan="4">없 음</td></tr>
<tr><td colspan="7">위와 같이 신청합니다. 대리인 주소 : 경남 00군 00읍 00로 12
전화번호 : 000-000-0000
공탁자 성명 OO농업협동조합 성명 : 법무사 O O O (인)
대표자 조합장 O O O (인)</td></tr>
<tr><td colspan="7">위 공탁을 수리합니다.
공탁금을 년 월 일까지 위 보관은행의 공탁관 계좌에 납입하시기 바랍니다.
위 납입기일까지 공탁금을 납입하지 않을 때는 이 공탁 수리결정의 효력이 상실됩니다.

년 월 일

OO지방법원 OO지원 공탁관 (인)</td></tr>
</table>

(영수증) 위 공탁금이 납입되었음을 증명합니다.

년 월 일

공탁금 보관은행(공탁관) (인)

공 탁 원 인 사 실

제3채무자인 공탁자는 채무자 OOO에게 매월 급료(본봉, 상여금 및 제수당)에서 제세공과금을 공제한 나머지 돈(단, 채무자가 청구채권액에 달하기전에 명예퇴직한 때에는 명예퇴직금 중 제세공과금을 공제한 나머지 돈)을 지급해야 할 채무가 있는바, 공탁자를 제3채무자로 한 별지와 같이 채권자들의 채권가압류 2건, 채권압류 및 추심명령 3건, 가압류에서 본압류로 이전하는 채권압류 및 추심명령 1건이 경합되었으므로, 누구에게 얼마를 지급할지를 알 수 없어 공탁자는 이건 집행공탁 및 사유신고서 작성비용으로 돈 240,500원을 공제한 나머지 돈 17,045,120원을 공탁하기에 이르렀음. 끝.

[별 지 1]

1. OO보험주식회사
   서울 OO구 OO동 60
   송달장소 : OO시 O구 OO로 12(OO동) OO빌딩 3층 채권관리팀
   대표이사 O O O (결정문상 : 대표이사 O O O)

2. 주식회사 OO하우징 (변경전 : 주식회사 OO상사)
   OO시 O구 OO로 23(OO동)
   대표이사 O O O

3. 주식회사 OO은행 (합병전 : OO신용카드주식회사)
   서울 OO구 OO로 34(OO동) (소관 : 특수관리팀)
   대표이사 O O O (결정문상 : 대표이사 O O O)

4. OO보증보험주식회사
서울 OO구 OO로 45(OO동)
송달장소 : OO시 OO로 56(OO동) (OO지점)
대표이사 O O O (대표이사 O O O)

5. OO협동조합중앙회
서울 OO구 OO로 67(OO동)
송달장소 : 전남 OO군 OO읍 OO로 78 OO협동조합중앙회
OO여신관리단
신용대표이사 O O O

6. OO협동조합중앙회
서울 OO구 OO로 89(OO동) (OO여신관리단)
송달장소 : OO시 OO로 90(OO동)
신용대표이사 OOO, 대리인 OOO (결정문상 : 신용대표이사 OOO, 대리인 OOO)

[별 지 2]

1. OO지방법원 OO지원 OO군법원 20OO카단 OOOO 채권가압류
가. 채 권 자 : 대한생명보험주식회사, 서울 OO구 OO로 12(OO동)
송달장소 : 광주 OO구 OO로 23(OO동) OO생명빌딩 3층
나. 채 무 자 : 홍 O O (000000 - 0000000)
경남 OO군 OO읍 OO로 34
다. 제3채무자 : OO농업협동조합 라. 청구금액 : 금 5,726,488원
마. 결정일자 : 20OO. O. O. 바. 송달일자 : 20OO. O. O.

2. OO지방법원 20OO카단 OOOO 채권가압류
가. 채 권 자 : 주식회사 유성상사, 광주 OO구 OO로 45(OO동)
{변경후 : 주식회사 OO하우징, 광주 OO구 OO로 56(OO동)}
나. 채 무 자 : O O O (000000 - 0000000)
경남 OO군 OO읍 OO로 67(OO동)
다. 제3채무자 : OO농업협동조합(소관 : OO지점)
라. 청구금액 : 금 8,931,412원
마. 결정일자 : 20OO. O. O.

바. 송달일자 : 20OO. O. O.

3. OO지방법원 OO지원 20OO타채 OOOO 채권압류 및 추심명령

가. 채 권 자 : OO신용카드주식회사, 서울 OO구 OO로 78(OO동)
{합병후 : 주식회사 OO은행, 서울 OO구 OO로 89(OO동)}
송달장소 : 서울 OO구 OO로 90(OO동) OO빌딩 6층
(소관 : 특수관리팀)

나. 채 무 자 : O O O (000000 - 0000000)
경남 OO군 OO읍 OO로 98
결정문상주소 : 경남 OO군 OO읍 OO로 87
송달장소 : 경남 OO군 OO읍 OO로 76

다. 제3채무자 : OO농업협동조합 라. 청구금액 : 금 9,413,736원

마. 결정일자 : 20OO. O. O. 바. 송달일자 : 20OO. O. O.

4. OO남부지방법원 20OO타채 OOOO 가압류를 본압류로 이전하는 채권압류 및 추심명령

가. 채 권 자 : OO보증보험주식회사, 서울 OO구 OO로 65(OO동)
(변경후 : OO보증보험주식회사)
송달장소 : OO시 OO로 54(OO동) (소관 : OO지점)

나. 채 무 자 : O O O (000000 - 0000000)
경남 OO군 OO읍 OO로 43
결정문상주소 : 경남 OO군 OO읍 OO로 32
송달장소 : 경남 OO군 OO읍 OO로 21

다. 제3채무자 : OO농업협동조합 (소관 : OO지점)

라. 청구금액 : 금 10,337,016원

마. 결정일자 : 20OO. O. O.(결정경정결정일자 : 20OO. O. O.)

바. 송달일자 : 20OO. O. O.(결정경정정본송달일자 : 20OO. O. O.)

5. OO지방법원 OO지원 20OO타채 OOOO 채권압류 및 추심명령

가. 채 권 자 : OO협동조합중앙회, 서울 OO구 OO로 11(OO동)
송달장소 : OO시 OO로 22(OO동) OO여신관리단

나. 채 무 자 : O O O (000000 - 0000000)
경남 OO군 OO읍 OO로 33

다. 제3채무자 : OO농업협동조합(소관 OO지점)

라. 청구금액 : 금 15,684,921원

마. 결정일자 : 2000. 0. 0. 바. 송달일자 : 2000. 0. 0.

6. OO지방법원 OO지원 2000타채 0000 채권압류 및 추심명령

가. 채 권 자 : OO협동조합중앙회, 서울 OO구 OO로 44(OO동)
(소관 : OO여신관리단)
송달장소 : OO시 OO로 55(OO동)

나. 채 무 자 : O O O (000000 - 0000000)
경남 OO군 OO읍 OO로 66(OO동)

다. 제3채무자 : OO농업협동조합(소관 OO지점)

라. 청구금액 : 금 15,684,921원

마. 결정일자 : 2000. 0. 0. 바. 송달일자 : 2000. 0. 0.

급여압류금 보관내역 (홍길동 분)

(단위 : 원)

년 월 일	급여공제액	공제합계액	비 고
2008. 12. 19.	1,260,630	1,260,630	
2009. 1. 20.	1,205,030	2,465,660	
2009. 2. 20.	1,375,180	3,840,840	
2009. 3. 20.	1,269,570	5,110,410	
2009. 4. 20.	1,269,570	6,379,980	
2009. 5. 20.	1,314,480	7,694,460	
2009. 6. 19.	1,292,680	8,987,140	
2009 7. 20.	1,746,680	10,733,820	
2009. 8. 20.	1,314,480	12,048,300	
2009. 9. 18.	1,292,680	13,340,980	
2009. 10. 20	1,337,480	14,678,460	
2009. 11. 20.	1,314,480	15,992,940	
2009. 12. 18	1,292,680	17,285,620	
보 관 금		**17,285,620**	

위의 사실과 틀림없음

2000. O. .

OO농업협동조합

조합장 OOO (인)

공탁비용 등 내역서

1. 공탁서 및 사유신고서 작성 및 제출대행수수료 : 금 190,000원
1. 접수증명원 인지대 : 500원
1. 출장비 등 : 50,000원 (전주 - 대전)

합계 금 240,500원

위 임 장

법무사 O O O
전남 OO군 OO읍 OO로 12
(전화 000-000-0000, 팩스 000-000-000)

위 사람을 대리인으로 정하고 다음사항의 권한을 위임함.

다 음

1. 공탁서 작성 및 제출과 이를 교부받는 행위
1. 이에 부수하는 행위

20 . . .

위임인(공탁자) O O 농업협동조합
조합장 O O O (인)

사 실 증 명 원

공 탁 자　OO농업협동조합
대표자 조합장 O O O

별첨과 같이 민사집행법 248조의 규정에 의한 집행공탁절차가 귀원 20OO금제 OOOO호 사건으로 공탁된 사실을 증명하여 주시기 바랍니다.

20 . . .

공 탁 자　O O 농업협동조합
조합장　O O O　(인)

OO 지방법원 OO 지원　귀중

[서식 40] 제3채무자의 채무액 공탁사유신고서

제3채무자의 채무액 공탁사유신고서

채 권 자　OO생명보험주식회사 외 5
[(별지(1)과 같음]

채 무 자　O　O　O

제3채무자　OO농업협동조합
(사유신고인)　위 대표자 조합장 O O O

사유신고인 제3채무자 OO농업협동조합은 채무자 OOO에게 매월 급료(본봉, 상여금 및 제수당)에서 제세공과금을 공제한 나머지 돈(단, 채무자가 청구채권액에 달하기전에 명예퇴직한 때에는 명예퇴직금 중 제세공과금을 공제한 나머지 돈)을 지급해야 할 채무가 있는 데, 별지 (1) 채권자들이 별지 (2)와 같이 채권가압류, 채권압류 및 추심명령, 가압류에서 본압류로 이전하는 채권압류 및 추심명령을 단행함으로서 압류가 경합되었는 바, 누구에게 얼마를 지급할지를 알 수 없어 공탁자는 20OO. O. O. OO지방법원 OO지원 20OO금 OOOO호로 돈 17,045,120원을 권리공탁하였으므로, 민사집행법 제248조 제4항의 규정에 의하여 그 사유를 신고합니다.

첨 부 서 류

1. 공탁서 원본	1통
1. 결정정본 사본	6통
1. 급여압류금보관내역	1통
1. 법인등기부등본	2통
1. 위임장	1통

20 . . .

신 고 인 OO농업협동조합
조합장 O O O (인)

OO 지방법원 OO 지원 귀중

위 임 장

법무사 O O O
전남 OO군 OO읍 OO로 12
(전화 000-0000, 팩스 000-0000)

위 사람을 대리인으로 정하고 다음사항의 권한을 위임함.

다 음

1. 공탁사유신고서 작성 및 제출하는 행위일체

1. 이에 부수하는 행위

20 . . .

위 공탁자 ㅇㅇ농업협동조합

조합장 ㅇ ㅇ ㅇ (인)

접 수 증 명 원

채 권 자 OO생명보험주식회사 외 5
[(별지(1)과 같음]

채 무 자 ㅇ ㅇ ㅇ

제3채무자 OO농업협동조합
(사유신고인) 대표자 조합장 ㅇ ㅇ ㅇ

제3채무자 OO농업협동조합은 별지 (2)와 같이 가압류, 압류가 경합되어 20OO. O. O. 제3채무자의 채무액공탁에 관한 사유신고서를 접수하여 OO지방법원 OO지원 20OO타기 OOOO호 배당절차 사건으로 계속 중에 있음을 증명하여 주시기 바랍니다.

20 . . .

제3채무자(사유신고인) OO농업협동조합

조합장 ㅇ ㅇ ㅇ (인)

OO지방법원 OO지원 귀 중

저 자 약 력

■ 김 덕 원

• 광주지방법원 완도등기소 근무
• 광주지방법원 해남지원 근무
• 법무사 유재륭사무소 외 사무장(11년)
• 법률사무소 율산 사무장
• 변호사 이철원 법률사무소 사무장

【주요논저】

유형별로 본 답변서·준비서면 총서 / 소가·인지산정 사례집 / 계약서·내용증명·고소(발)장 / 청구·신청취지 작성방법 / 가사소송 서식대전 / 신 민사집행 서식대전 1, 2 / 신 행정소송 서식대전 / 주택·상가건물임대차보호법 / 유형별 소장의 정리 / 신 형사소송 서식총람 / 종합법률실무핸드북 / 행정소송과 행정심판 / 법인등기실무총람 / 신 종합법률 실무대전 Ⅰ·Ⅱ·Ⅲ / 알기 쉽게 풀이한 주택·상가건물임대차보호법 / 법률실무가를 위한 공탁법 실무 / 법률실무가를 위한 가압류·가처분 실무 / 부동산등기실무총람 / 민사소송 & 전자소송 / 소장작성 매뉴얼 및 소송전략 / 내용증명·고소(발)장·진정서·탄원서 서식 등

누구나 쉽게 따라할 수 있는

헌법·세무·공탁 실무

저　　자 김 덕 원　　　　2012년 11월 28일 인쇄
발 행 인 양 진 수　　　　2012년 12월 14일 발행
발 행 처 진 원 사

서울시 서초구 서초3동 1714-32 형덕빌딩 1층
전화 : 02)916-1850 / 팩스 : 02)916-3442
신고번호 제321-2512007002호
http://www.jinwonsa.co.kr
http://www.lawbookstore.co.kr

ISBN : 978-89-6346-251-6　　93360　　**정가 12,000원**